Jiddu Krishnamurti

Der Flug des Adlers
Reden und Gespräche

Aus dem Englischen
von Rolf Lahusen

 Fischer
Taschenbuch
Verlag

Deutsche Erstausgabe
Veröffentlicht im Fischer Taschenbuch Verlag GmbH,
Frankfurt am Main, April 1995

Die Originalausgabe mit dem Titel
»The Flight of the Eagle« erschien 1972
im Verlag Harper & Row, New York
© 1991 Krishnamurti Foundation Trust Limited, Bramdean, England
Für die deutsche Ausgabe:
© 1995 Fischer Taschenbuch Verlag GmbH, Frankfurt am Main
Alle Rechte vorbehalten
Gesamtherstellung: Clausen & Bosse, Leck
Printed in Germany
ISBN 3-596-12482-4

Gedruckt auf chlor- und säurefreiem Papier

Inhalt

»Die Schönheit der Freiheit besteht darin,
daß sie keine Spur hinterläßt.
Der Adler im Flug hinterläßt keine Spur;
anders als der Wissenschaftler.
Um die Frage der Freiheit zu untersuchen,
ist nicht nur wissenschaftliche Beobachtung vonnöten,
sondern auch der Flug des Adlers,
der überhaupt keine Spur hinterläßt.«

Teil I

1. Freiheit

Denken, Lust und Schmerz.

Für die meisten von uns ist Freiheit eine Idee und keine Wirklichkeit. Wenn wir von Freiheit sprechen, dann meinen wir, nach außen hin frei zu sein: tun zu können, was wir möchten, zu reisen, uns überall frei äußern zu können, frei zu sein, zu denken, was wir möchten. Diese äußerlichen Ausdrucksformen der Freiheit sind offensichtlich von außerordentlicher Bedeutung, besonders in den Ländern, wo Tyrannei und Diktatur herrschen; und in den Ländern, wo äußere Freiheit möglich ist, sucht jeder immer mehr Genuß zu erlangen, immer mehr Besitz.

Wenn wir nun aber tiefer in die Frage eindringen wollen, was Freiheit wirklich bedeutet, was es bedeutet, innerlich, vollkommen und gänzlich frei zu sein – was dann nach außen hin in der Gesellschaft, in den Beziehungen Ausdruck findet –, dann müssen wir uns meiner Meinung nach fragen, ob der menschliche Geist, belastet wie er ist von so vielen Abhängigkeiten, überhaupt jemals frei sein kann. Muß er etwa für immer in den Grenzen seiner je eigenen Abhängigkeiten existieren und funktionieren, so daß überhaupt keine Freiheit möglich ist? Wir sehen, daß der Geist, wenn er denn zu der Erkenntnis gelangt, daß es hier auf Erden keine Freiheit für ihn gibt, keine innere und keine äußere, dann anfängt, sich eine Freiheit in einer anderen Welt auszudenken, eine künftige Befreiung, einen Himmel und was nicht alles!

Lassen wir hier einmal alle theoretischen und ideologischen Freiheitsbegriffe beiseite, um uns offen der Frage zu stellen, ob unser Geist, der Ihre und der meine, jemals wirklich frei sein kann, frei von Abhängigkeiten, frei von Ängsten, Sorgen, frei von all den unzähligen Problemen, den bewußten sowohl als auch denen auf den tieferen Ebenen des Unbewußten. Kann es eine vollkommene psychische Freiheit geben, derart, daß der menschliche Geist zu etwas vordringen kann, das nicht zeitbedingt, das nicht vom Denken hergestellt ist, das aber auch nicht eine Flucht vor den anstehenden Realitäten des täglichen Lebens ist?

Ehe der Geist des Menschen nicht innerlich, psychisch, gänzlich frei ist, bleibt es unmöglich, zu erkennen, was wahr ist, zu erkennen, ob es eine Realität gibt, die nicht von unseren Ängsten erfunden, nicht durch die Gesellschaft oder die Kultur bestimmt ist, in der wir leben, und die keine Ausflucht aus der alltäglichen Monotonie darstellt, aus all der Öde, der Einsamkeit, der Verzweiflung und den Sorgen. Um herauszufinden, ob es eine derartige Freiheit wirklich gibt, muß man sich seiner je eigenen Abhängigkeiten bewußt werden, seiner Probleme, der monotonen Schalheit, Leere, Unzulänglichkeit des alltäglichen Daseins; vor allem muß man sich seiner Ängste bewußt werden. Dabei geht es nicht um eine besondere Innenschau oder Analyse, sondern darum, daß man sich tatsächlich seiner selbst bewußt wird, so wie man ist, und schaut, ob es denn überhaupt möglich ist, völlig frei von all diesen Dingen zu werden, die dem Geist wie Bremsklötze anhängen.

Um das herauszufinden, so wie wir es hier tun wollen, muß Freiheit vorhanden sein, nicht erst am Ende, nein, gleich zu Beginn. Wer nicht frei ist, kann hier nichts herausfinden, nichts erforschen noch prüfen. Um tief genug zu blicken, muß nicht nur Freiheit vorhanden sein, sondern auch die für eine solche Untersuchung unerläßliche Disziplin; Freiheit und Disziplin gehören zusammen (was nicht meint, daß jemand diszipliniert sein muß, um frei zu sein). Wir verwenden den Begriff »Disziplin« hier nicht in dem üblichen, traditionellen Sinne, daß man sich fügt, sich anpaßt, Eigenes verdrängt, nach vorgegebenem Muster lebt; vielmehr nach der lateinischen Wurzel des Wortes im Sinne von »Lernen«: Lernen und Freiheit gehören zusammen, die Freiheit bringt ihre eigene Disziplin mit sich; nicht eine vom Verstand zur Erreichung eines bestimmten Zieles auferlegte Disziplin. Diese beiden Dinge sind wesentlich: Freiheit und praktiziertes Lernen. Niemand kann etwas über sich selber lernen, wenn er nicht frei ist, frei zur Wahrnehmung, nicht nach einem vorgegebenen Muster, irgendeiner Formel oder einem festen Konzept, nein, frei zur Wahrnehmung seiner selbst, so wie man wirklich ist. Diese Selbstbeobachtung, diese Wahrnehmung, dieses Schauen bringt ihre eigene Disziplin und Lernweise mit sich; dabei gibt es keine Anpassung, keine Fremdbestimmung, keine Verdrängung, keine wie auch immer geartete Kontrolle – vielmehr liegt darin eine große Schönheit.

Unser Geist ist vorgeprägt – das ist offenkundig –, vorgeprägt durch die jeweilige Kultur oder Gesellschaft, beeinflußt durch vielfältige Eindrücke, durch Spannungen und Streß in unseren Beziehungen, durch wirtschaftliche, klimatische, erzieherische Faktoren, durch religiöse Gewohnheiten und so fort. Unser Geist ist darauf trainiert, mit Ängsten zu leben, ihnen allenfalls soweit wie möglich auszuweichen, aber ohne jede Möglichkeit, die Ängste in ihrem Wesen und ihrer Struktur gänzlich und vollständig aufzulösen. So daß unsere erste Frage lauten muß: Vermag unser Geist unter all diesen schweren Belastungen die vollständige Auflösung nicht nur seiner Konditionierungen, sondern auch seiner Ängste zu erreichen? Denn aus Angst machen wir uns ja die Konditionierungen zu eigen.

Hören Sie jetzt nicht einfach einem Schwall von Worten und Ideen zu – die ohnehin als solche ganz wertlos sind –, beobachten Sie vielmehr durch bewußtes Hören, verbales und auch nicht-verbales, Ihren Bewußtseinsstand, versuchen Sie einfach herauszufinden, ob Ihr Geist je frei werden kann – nicht durch ein Hinnehmen der Ängste, nicht durch ein Ausweichen vor ihnen, nicht durch die Behauptung: »Ich muß mehr Mut, mehr Widerstand entwickeln«, sondern im klaren Bewußtsein Ihres tatsächlichen Gefangenseins in Ihren Ängsten. Nur wer von dieser Eigenschaft Angst frei ist, kann wahrhaft klar und tief sehen; und sicher ist doch: Wo Ängste sind, kann keine Liebe sein.

Kann also der Geist je wirklich frei von Ängsten sein? Das scheint mir für jeden, der es ernst meint, eine der vorrangigsten und wesentlichsten Fragen zu sein, die gestellt und die beantwortet werden müssen. Es geht ja um die physischen und um die psychischen Ängste: die physischen Ängste vor Schmerzen und die psychischen Ängste der Erinnerung an einmal erlittene Schmerzen und des Gedankens an ein künftiges erneutes Auftreten solcher Schmerzen; dazu die Angst vor dem Altwerden, vor dem Sterben, die Ängste vor materiellen Unsicherheiten, vor der Ungewißheit der Zukunft, die Ängste, nicht den großen Erfolg zu haben, es nicht zu schaffen – es zu nichts Rechtem zu bringen, in dieser ja wohl eher häßlichen Welt; die Ängste vor Zerstörungen, vor der Einsamkeit, vor der Unmöglichkeit, zu lieben oder geliebt zu werden, und so weiter; es geht um die bewußten Ängste ebenso wie um die unbewußten. Kann der Geist ganz und gar frei von alledem werden?

Wenn der Geist sagt, er könne das nicht, dann hat er sich selbst zur Unfähigkeit verurteilt, hat sich selbst entstellt und ist nun nicht mehr imstande, wahrzunehmen, zu verstehen, außerstande, je vollkommen still zu sein. Er ist dann ein Geist im Dunkel, auf der Suche nach Licht, das er aber nie findet und sich deshalb aus Worten, Vorstellungen, Theorien sein »Licht« erfindet.

Wie soll denn auch ein so schwer mit Ängsten, mit all seinen Abhängigkeiten beladener Geist jemals davon frei werden? Müssen wir etwa die Angst als unvermeidlich zum Leben gehörig hinnehmen? – Und die meisten unter uns nehmen sie hin und haben sich damit abgefunden! Was also sollen wir machen? Wie soll ich, als Mensch, wie sollen Sie, als Mensch, diese Ängste loswerden? Nicht irgendeine einzelne Angst, nein, die Angst überhaupt, in ihrem Wesen und ihrer Struktur?

Was ist Angst? (Nehmen Sie bitte nicht einfach das hin, was der Vortragende sagt! Der Vortragende hat überhaupt keine Autorität, er ist kein Lehrer, er ist kein Guru; denn wäre er ein Lehrer, dann würden Sie seine Jünger sein, und wer Jünger ist, der zerstört sich selbst ebenso wie den Lehrer.) Wir bemühen uns herauszufinden, wo in dieser Frage der Angst die Wahrheit liegt, und dies so umfassend, daß der Geist sich nie mehr zu ängstigen braucht, vielmehr frei ist von aller Abhängigkeit, innerlich, im psychologischen Sinne frei. Die Schönheit der Freiheit besteht darin, daß Sie keine Spur hinterläßt. Der Adler im Flug hinterläßt keine Spur; anders als der Wissenschaftler. Um die Frage der Freiheit zu untersuchen, ist nicht nur wissenschaftliche Beobachtung vonnöten, sondern auch der Flug des Adlers, der überhaupt keine Spur hinterläßt. Beides ist erforderlich: die verbale Erklärung und die non-verbale Wahrnehmung – ist doch die Beschreibung nie die Wirklichkeit, die beschrieben wird; die Erklärung ist offenkundig nie die erklärte Sache; das Wort ist nie die Sache.

Wenn all das wirklich deutlich ist, können wir fortfahren. Wir können jetzt selbst herausfinden – nicht durch den Vortragenden, nicht durch seine Worte, nicht durch seine Ideen oder Gedanken –, ob der Geist vollkommen frei von Ängsten werden kann.

Dieser erste Teil ist übrigens keine bloße Einleitung! Wenn Sie ihn nicht deutlich gehört und verstanden haben, dann sollten Sie nicht zum nächsten Teil übergehen!

Für eine Untersuchung unserer Frage ist es unerläßlich, einen freien Blick zu haben, frei zu sein von Vorurteilen, von Überzeugungen, festen Vorstellungen und Idealen, so daß man wirklich bei sich selbst beobachten kann, was Angst ist. *Wenn Sie sehr genau, ganz aus der Nähe, beobachten, gibt es da überhaupt Angst?* Das will sagen: Sie können nur dann ganz, ganz genau, ganz bis ins Innerste hinein erkennen, was Angst ist, wenn der »Betrachter« das »Betrachtete« ist. Lassen Sie uns dem weiter nachgehen. Was also ist Angst? Wie kommt sie zustande? Die vordergründigen körperlichen Ängste lassen sich leicht verstehen, wie die körperlichen Gefährdungen, auf die sich unmittelbar eine Reaktion einstellt; sie sind so gut zu begreifen, daß wir uns nicht zu lange bei ihnen aufzuhalten brauchen. Worüber wir ja aber hier sprechen, das sind die psychischen Ängste: Wie entstehen solche psychischen Ängste? Was ist ihr Ursprung? – Darum geht es! Das kann die Angst sein vor etwas, das gestern geschehen ist; oder auch die Angst vor etwas, das noch im Laufe dieses Tages oder morgen geschehen könnte. Die Angst vor etwas, das wir kennen, und die Angst vor dem Unbekannten, dem Morgen. Jeder kann bei sich selbst deutlich genug feststellen, daß die Ängste aus unseren Denkbewegungen hervorgehen – wenn wir über das gestern Geschehene nachdenken, was uns Sorgen macht, oder wenn wir über die Zukunft nachdenken – stimmt's? Denken erzeugt Angst – nicht wahr? Lassen Sie uns hier bitte ganz sicher sein! Nehmen Sie nicht einfach hin, was der Vortragende sagt; kommen Sie selbst zur Überzeugung, ob Denken der Ursprung der Ängste ist! An den Schmerz zu denken, den seelischen Schmerz, den man einmal erlitten hat und den man nicht noch einmal erleiden möchte, an den man nicht mehr erinnert werden möchte, an all das zu denken erzeugt Angst. Können wir da weiterkommen? Sicherlich nicht, bevor wir dies nicht ganz klar erkannt haben: Das Denken, das Nachdenken über einen Vorfall, ein Erlebnis, einen Zustand der Verwirrung, der Gefährdung, der Trauer oder des Schmerzes läßt Ängste entstehen. Und das Denken, wenn es einmal, im psychologischen Sinne, eine gewisse Sicherheit erreicht hat, möchte diese Sicherheit nicht gestört sehen; jede Störung ist eine Gefährdung, und daraus erwächst die Angst.

Das Denken ist verantwortlich für die Ängste, ebenso wie das Denken für die Lust verantwortlich ist. Man hat ein wunderbares Erlebnis gehabt – und sogleich beginnt das Denken, sich damit zu beschäftigen und zu wünschen, es möge ewig währen; und wenn sich das als unmöglich erweist, erhebt sich Widerstand, Zorn, Verzweiflung und Angst. So ist das Denken verantwortlich für die Ängste ebenso wie für die Lust – nicht wahr? Das ist keine verbale Schlußfolgerung; das ist kein Rezept zur Vermeidung von Ängsten. Es ist einfach so: Wo Vergnügen ist, da sind Angst und Schmerz, die das Denken aufrechterhält. Vergnügen geht mit Schmerz einher, beide sind unzertrennlich, und das Denken ist für beide verantwortlich. Gäbe es kein Morgen, keinen bevorstehenden Augenblick, auf den das Denken sich richtet, sei es in Angst oder mit Lust, dann wären beide nicht vorhanden. Sollen wir hier einen Schritt weiter gehen? Ist es denn tatsächlich so – nicht als bloße Idee, nein, als etwas, was Sie selbst entdeckt haben und was daher Wirklichkeit hat –, daß Sie für sich selbst feststellen können: »Ich habe herausgefunden, daß das Denken sowohl Vergnügen als auch Angst erzeugt.« Sie haben Ihr sexuelles Vergnügen genossen; später dann denken Sie daran in Ihren Vorstellungen, in der Bilderwelt Ihres Denkens, und dieses Nachdenken verleiht dem lustvollen Erlebnis in Ihrer Vorstellungswelt Kraft, doch wenn dies Bemühen unversehens vereitelt wird, kehrt sich alles um in Schmerzen, Beklemmungen, Angst, Eifersucht, Verdruß, Zorn, Brutalität. Womit ich keineswegs sagen will, daß Sie keine Lust erleben sollen.

Freude ist nicht gleich Lust; Begeisterung wird nicht durch Denken hervorgebracht; das ist etwas gänzlich anderes. Wahre Freude oder Begeisterung können Sie nur empfinden, wenn Sie das Wesen des Denkens begriffen haben – das sowohl Vergnügen als auch Angst erzeugt.

So erhebt sich jetzt die Frage: Kann man das Denken anhalten? Wenn das Denken Angst und Vergnügen erzeugt – denn wo Vergnügen ist, da wird es, wie nun hinreichend deutlich ist, auch Schmerz geben –, dann muß man sich doch fragen: Kann das Denken zum Stillstand kommen? Was nicht bedeuten soll, die Wahrnehmung der Schönheit, die Freude an Schönheit zu beenden. Es kommt dem Schauen der Schönheit einer Wolke oder eines Baumes gleich und der völligen, umfassenden, erfüllenden Freude daran;

wenn aber dann das Denken versucht, diese gleiche Erfahrung morgen wieder zu haben – das gleiche Entzücken wie gestern im Schauen dieser Wolke, dieses Baumes, dieser Blume, dieses wundervollen Antlitzes –, dann öffnet es Tür und Tor für Enttäuschungen, Schmerzen, Ängste und Lüste.

Kann also das Denken zum Stillstand gebracht werden? Oder ist das eine vollkommen falsche Fragestellung? Es ist eine falsche Fragestellung, weil wir doch eine Begeisterung, eine Freude erleben möchten, die nicht Lust ist. Durch die Beendigung des Denkens möchten wir wohl etwas ganz Gewaltiges erlangen, etwas, das nicht durch Lust und Angst hervorgebracht ist. Welcher Platz kommt dem Denken in unserem Leben zu? Nicht: Wie kann das Denken beendet werden? Wie ist die Beziehung des Denkens zum Tätigsein und zum Untätigsein? Wie ist die Beziehung des Denkens zum Tätigsein, da wo Tätigsein nötig ist? Warum tritt das Denken überhaupt gerade dann in Erscheinung, wenn wir von der Freude am Schönen durchdrungen sind? – Täte es das nämlich nicht, dann würde es keine Übertragung auf morgen geben. Daher möchte ich herausfinden, warum das Denken gerade dann, wenn ich vollständig von der Freude an der Schönheit eines Berges, eines wundervollen Antlitzes, eines Wasserspiegels durchdrungen bin, daherkommt, die ganze Sache verdreht und behauptet: »Ich muß dieses gleiche Entzücken morgen wieder haben.« Ich habe herauszufinden, welche Beziehungen das Denken während des Handelns eingeht und wieso sich das Denken auch da einmischen muß, wo nun wirklich keine Notwendigkeit dazu besteht. Ich sehe einen wunderschönen Baum, ohne ein einziges Blatt, gegen den Himmel, außergewöhnlich schön ist er, und das ist's – fertig. Wieso kommt jetzt das Denken daher und behauptet: »Ich muß dieses Vergnügen auch morgen haben!«? Dabei sehe ich wohl, daß beim Handeln gedacht werden muß. Geschick im Tun ist auch Geschick im Denken. Welche Beziehung besteht zwischen Denken und Tun? Wie die Dinge liegen, gründet unser Tun auf Vorstellungen, auf Ideen. Ich habe eine Idee oder eine Vorstellung davon, was getan werden sollte, und was dann getan wird, ist eine Annäherung an diese Vorstellung, diese Idee, dieses Ideal. So gibt es also eine Spaltung zwischen dem Tun und der Vorstellung, dem Ideal, dem »So sollte es sein«; in dieser Spaltung liegt ein Konflikt. Jede Spaltung, jede psychische Spaltung, erzeugt notwendigerweise Konflikte. Ich frage

mich: »Wie ist das Beziehungsgefüge während des Denkens?«
Wenn eine Spaltung zwischen dem Handeln und der Idee besteht,
dann ist das Handeln unvollständig. Gibt es ein Tun, bei dem das
Denken unvermittelt etwas erkennt und unmittelbar handelt, so daß
nicht noch getrennt davon eine Idee, eine Ideologie vorhanden
wäre, der zufolge gehandelt werden müßte? Gibt es ein Tun, bei
dem das Erkennen selbst das Handeln ist – bei dem das Denken
selbst das Handeln ist? Ich erkenne, daß das Denken Ängste und
Lust erzeugt; ich erkenne, daß da, wo Lust ist, auch Schmerz ist und
daher Widerstand gegen den Schmerz. Ich erkenne das sehr deutlich; dies zu erkennen, ist unmittelbares Tun; in dieses Erkennen
sind Denken, Logik und Überlegen ganz eindeutig einbezogen;
doch erfolgt dieses Erkennen unvermittelt, und das Tun ist unvermittelt – deswegen besteht hier nun wirklich Freiheit.

Verstehen wir uns noch? Lassen Sie sich Zeit, die Sache ist tatsächlich schwierig. Bitte sagen Sie nicht zu schnell »ja«. Wenn Sie »ja«
sagen, dann sollten Sie beim Verlassen dieses Saales wirklich von
Ängsten frei sein. Sonst wäre Ihr »ja«-Sagen nichts weiter als die
Bestätigung, daß Sie mich verbal, intellektuell verstanden haben –
was überhaupt keinen Wert hätte. Sie und ich untersuchen hier
heute morgen das Problem der Angst, und wenn Sie diesen Saal
verlassen, dann muß die völlige Befreiung von ihr vollzogen sein.
Dann wären Sie ein freier Mensch, ein anderer Mensch, vollständig
umgewandelt – nicht morgen, nein, jetzt. Dann würden Sie ganz
deutlich erkennen, daß das Denken Ängste und Lust erzeugt; erkennen würden Sie, wie all unsere Werte – die moralischen, ethi-
schen, gesellschaftlichen, religiösen, geistigen – auf Angst und Vergnügen, auf Furcht und dem Streben nach Lust gründen. Wenn Sie
die Wahrheit dessen begreifen – und um dies als wahr zu erkennen,
müssen Sie ganz außergewöhnlich aufmerksam sein, müssen logisch, ausgeglichen und vernünftig jede Bewegung des Denkens beobachten –, dann ist dieses Begreifen selbst totales Handeln. Wenn
Sie heute hier weggehen, dann haben Sie es entweder wirklich geschafft – oder Sie werden sich immer weiter fragen: »Wie kann ich
morgen frei sein von Angst?«

Das Denken muß im Tun wirksam werden. Wenn Sie nach Hause
gehen, müssen Sie das bedacht haben; oder wenn Sie einen Bus,
einen Zug erreichen, ins Büro gehen wollen, dann wirkt das Denken

zielgerichtet, objektiv, nicht personenbezogen, nicht emotional; ein solches Denken ist lebensnotwendig. Wenn aber das Denken diese Erfahrung weiterträgt, sie als Erinnerung in die Zukunft überträgt, dann ist solch ein Tun unvollkommen, woraus ein gewisser Widerstand und all die weiteren Folgen sich ergeben.

Nun können wir zur nächsten Frage übergehen. Lassen Sie es uns einmal so formulieren: Wo liegt der Ursprung des Denkens, und wer ist der Denkende? Deutlich ist, daß Denken geprägt ist vom Wissen, von der Erfahrung, im Sinne der gespeicherten Erinnerung. Von dort aus beantwortet das Denken jede Herausforderung. Fragt man Sie etwa, wo Sie wohnen, dann kommt unverzüglich die Antwort. Erinnerung, Erfahrung, Wissen bilden den Hintergrund, das, woher das Denken kommt. So ist also das Denken niemals neu; Denken ist immer alt; Denken kann nie frei sein, weil es an das Vergangene gebunden ist; deshalb kann es niemals etwas Neues sehen. Wenn ich das einmal verstanden habe, ganz klar verstehe, wird mein Geist ruhig. Leben ist Bewegung, ständige Bewegung in Beziehungen; und das Denken, das diese Bewegung von seiner Bindung an die Vergangenheit her als Erinnerung zu erfassen versucht, scheut das Leben.

Wenn wir all das begreifen, wenn wir begreifen, daß zur Erkenntnis Freiheit nötig ist – und für eine klare Erkenntnis brauchen wir die Disziplin des Lernens, keine Disziplin der Verdrängung oder der Anpassung –, wenn wir begreifen, wie der Geist durch die Gesellschaft, durch die Vergangenheit geprägt ist, wenn wir begreifen, daß alles Denken, das dem Gehirn entspringt, immer schon alt ist und deshalb unfähig, irgend etwas Neues zu verstehen, dann wird unser Geist vollkommen ruhig – nicht durch Fremdbestimmung oder äußere Formung zur Ruhe gebracht. Hier gibt es kein System, keine Methode, den Geist zur Ruhe zu führen – es kommt nicht darauf an, ob es nun Zen aus Japan ist, oder ein System aus Indien. Das wäre das Dümmste, was der Geist tun könnte: sich selbst zur Ruhe zu disziplinieren. Wenn wir nun das alles begreifen – es wirklich begreifen, nicht als etwas Theoretisches –, dann wird aus dieser Wahrnehmung ein Tun erwachsen; ja, diese Wahrnehmung selber ist die von Angst befreite Handlung. Und wenn noch einmal eine Angst sich erhebt, wird sie unmittelbar wahrgenommen und endet.

Was ist Liebe? Für die meisten von uns ist sie Lust und folglich Angst; das ist's, was wir Liebe nennen. Aber wenn nun Angst und Lust verstanden werden, was ist dann Liebe? Und wer wird uns diese Frage beantworten? Der Vortragende, die Priester, die Bücher? Gibt es irgendeine Stelle, die uns mitteilt, daß wir alles ganz fabelhaft machen, nur weiter so? Ist es nicht vielmehr so, daß wir aufgrund unserer Untersuchungen, unserer Beobachtungen, unseres nicht-analytischen Begreifens der gesamten Struktur und des eigentlichen Wesens der Lust, der Ängste, der Schmerzen, zu der Erkenntnis gelangen, daß der Beobachtende, der Denkende Teil des Denkens ist? *Gibt es kein Denken, dann gibt es auch keinen Denkenden, die beiden sind untrennbar; der Denkende ist das Denken.* In diesem Schauen liegen Schönheit und Subtilität. Und wo ist nun der Geist, der sich aufgemacht hatte, in diese Frage nach den Ängsten einzudringen? – Verstehen Sie? Welchen Zustand hat der Geist nun, da er dies alles durchdrungen hat? Ist er noch der gleiche wie zuvor? Er hat diese Dinge jetzt sehr eingehend betrachtet, er hat das Wesen dessen betrachtet, was wir Denken, Angst und Lust nennen, er hat all das betrachtet und verstanden. In welchem Zustand befindet er sich jetzt? Selbstverständlich kann darauf niemand anders antworten als Sie selbst; wenn Sie wirklich in all dies eingedrungen sind, dann werden Sie begreifen, daß Ihr Geist vollständig verwandelt worden ist.

(Es wird eine Frage gestellt; sie ist akustisch nicht zu verstehen.)

Krishnamurti [K]: Das ist eine der einfachsten Sachen, die es gibt, eine Frage zu stellen. Vermutlich haben einige von uns schon die ganze Zeit, während der Vortragende noch redete, darüber nachgedacht, was sie denn bloß fragen könnten. Wir sind mehr mit unseren Fragen beschäftigt als mit dem Zuhören. Worauf es aber ankommt, das ist, wirklich die eigenen Fragen zu stellen, nicht nur hier, sondern überall. Die richtige Frage zu stellen, ist weit wichtiger, als die Antwort zu erhalten. Die Lösung eines Problems liegt im Verstehen des Problems; die Antwort ist nicht außerhalb des Problems, sie ist im Problem zu finden. Man kann das Problem nicht wirklich genau betrachten, wenn man sich um die Antwort, um die Lösung Gedanken macht. Die meisten von uns sind so versessen darauf, das Problem zu lösen, ohne überhaupt in es hineinzuschauen – und dazu sind Energie, Intensität, ja Leidenschaft vonnöten; nicht wie bei den meisten von uns lediglich Gleichgültigkeit und Trägheit –, wir hätten lieber, jemand anders würde es für uns lösen. Da ist aber niemand, der irgendeines unserer Probleme lösen würde, nicht die politischen, nicht die religiösen, nicht die psychischen. Und Sie brauchen eine ganze Menge an Vitalität und Leidenschaft, Intensität, um ein Problem zu betrachten und zu beobachten; aber dann, während Sie es beobachten, werden Sie klar und deutlich die Antwort finden.

Damit ist nicht gemeint, daß Sie keine Fragen stellen sollen. Im Gegenteil: Sie müssen Fragen stellen; Sie müssen alles in Frage stellen, was jemand sagt, wer auch immer es sei, den Vortragenden eingeschlossen.

Frage [F]: Besteht die Gefahr, sich in der Innenschau zu verlieren, wenn man seine persönlichen Probleme betrachtet?

[K]: Warum sollte da keine Gefahr bestehen? Schon wenn wir die Straße überqueren, begeben wir uns in Gefahr. Wollen Sie etwa sagen, wir sollten gar nicht erst hinschauen, weil das Schauen gefährlich werden könnte? Ich erinnere mich – wenn ich diese Begebenheit wiedergeben darf –, wie ein sehr reicher Mann einmal zu mir kam und erklärte: »Ich bin wirklich sehr, sehr betroffen von dem, was Sie sagen, und möchte dies und das Problem lösen« – Sie wissen schon, all das dumme Zeug, von dem die Leute so reden. Ich antwortete ihm: »Ist gut, mein Herr, lassen Sie uns näher darauf eingehen«, und wir fingen an, darüber zu sprechen. Er kam noch ein paarmal, aber dann, nach der zweiten Woche, kam er und sagte: »Ich habe schreckliche Träume, angstmachende Träume, mir ist so, als würde alles um mich herum verschwinden, alles und jedes von mir gehen«; und dann erklärte er: »Das kommt wahrscheinlich von meinen Selbstbetrachtungen. Jetzt habe ich gemerkt, wie gefährlich das ist!« Daraufhin ist er nie mehr wiedergekommen.

Wir alle möchten sicher sein; wir alle möchten in unserer kümmerlichen kleinen Welt ungefährdet dahinleben, dieser Welt der wohlgeregelten Ordnung, die doch nichts als Unordnung ist, dieser Welt der von uns geschaffenen Beziehungen, die wir nicht gestört sehen möchten – der Beziehung etwa zwischen Frau und Mann, in der sie sich aneinander klammern, in der Elend, Mißtrauen, Angst herrschen, die von Gefahren, Eifersucht, Ärger, Herrschsucht bestimmt ist. Es gibt eine Möglichkeit, ohne Angst, ohne Gefahr in uns selbst heinzuschauen; nämlich ohne jede Mißbilligung, ohne jede Selbstrechtfertigung, einfach nur zu schauen, nicht zu interpretieren, nicht zu urteilen, nicht zu werten. Um das tun zu können, muß unser Geist bei seiner Beobachtung dessen, was wirklich da ist, lernbegierig sein. Wo liegt die Gefahr bei dem »Was ist«? Die Menschen sind gewalttätig; das ist's, »was wirklich ist«. Und die Gefahr, die sie in diese Welt gebracht haben, ist das Resultat dieser Gewalttätigkeit, ist das Ergebnis der Angst. Was soll daran gefährlich sein, dies zu beobachten und zu versuchen, diese Angst vollständig aus der Welt zu schaffen? Eine andere Gesellschaft, andere Werte zustande zu bringen? Es liegt eine große Schönheit in der Beobachtung, im Schauen der Dinge, so wie sie sind, psychisch, innerlich. Was nicht bedeutet, die Dinge einfach so hinzunehmen, wie sie sind, auch nicht, das »was ist« zurückzuweisen oder etwas daran machen zu wollen. Die Wahrnehmung dessen, »was ist«, bringt schon dessen Verwandlung mit sich. Aber dazu muß einer die Kunst des Schauens beherrschen, und die Kunst des Schauens ist nicht eine besondere Kunst der Innenschau oder der Analyse, nein, es ist einfach ein Beobachten, ohne eine Wahl zu treffen.

[F]: Gibt es nicht auch eine spontane Angst?

[K]: Würden Sie so etwas Angst nennen? Wenn Sie wissen, daß Feuer weh tut, wenn Sie einen Abgrund vor sich sehen, ist es Angst, davon wegzuspringen? Wenn Sie ein wildes Tier erblicken, eine Schlange – sich zurückzuziehen, ist das Angst? Oder ist es Intelligenz? Solche Intelligenz kann das Ergebnis einer Verhaltensprägung sein, durch die Sie auf die Gefahren eines Abgrundes reagieren. Wäre es nicht so, dann könnten Sie fallen, und das wäre Ihr Ende. Ihre Intelligenz weist Sie an, vorsichtig zu sein. Ist diese Intelligenz Angst? Aber ist es Intelligenz, die am Werke ist, wenn wir uns in Nationalitäten, in religiöse Gruppen aufspalten? Wenn wir solche Trennungen zwischen Ihnen und mir, uns und denen da schaffen: Ist das Intelligenz? Was bei solchen Trennungen am Werke ist, was Gefahren heraufbeschwört, was Menschen voneinander trennt, was zu Kriegen führt: Ist das Intelligenz oder ist das Angst? Es ist Angst, nicht Intelligenz! Mit anderen Worten: Wir haben uns zerteilt: Ein Teil handelt da, wo es nötig ist, intelligent, etwa wenn wir einen Abgrund umgehen oder einem Bus ausweichen; aber wir sind nicht intelligent genug, um die Gefahren des Nationalismus zu erkennen,

22

die Gefahren der Trennung zwischen den Menschen. So ist also ein Teil von uns – ein sehr kleiner Teil – intelligent, der ganze Rest ist es nicht. Wo aber Zerteilung ist, da entstehen unweigerlich Konflikte, da entsteht Elend. Der eigentliche Grund der Konflikte ist die Trennung, der Widerspruch in uns selbst. Dieser Widerspruch ist nicht zu integrieren. Es ist eine unserer besonderen Eigenarten, daß wir uns selbst integrieren müssen. Ich weiß nicht, was das wirklich bedeutet. Wer soll denn das sein, der die beiden getrennten, entgegengesetzten Wesensarten integrieren könnte? Ist denn der Integrierende nicht selbst Teil dieser Trennung? Wenn man jedoch all das in seiner Ganzheit schaut, wenn man diese Wahrnehmung hat, ohne irgendeine Wahl zu treffen – dann gibt es keine Trennung mehr.

[F]: Besteht irgendein Unterschied zwischen richtigem Denken und richtigem Tun?

[K]: Wenn Sie dieses Wort »richtig« hier verwenden, für das Denken und das Tun, dann ist das, was Sie da tun, kein »richtiges«, sondern »unrichtiges« Tun – nicht wahr? Wenn Sie dieses Wort »richtig« verwenden, dann haben Sie bereits eine *Vorstellung* davon, was richtig ist. Und wenn Sie eine Vorstellung davon haben, was »richtig« ist, dann ist es sogleich »unrichtig«, denn dieses »richtig« basiert auf Ihren Vorurteilen, auf ihrer Konditionierung, auf Ihren Ängsten, auf Ihrer Kultur, auf Ihrer Gesellschaft, auf Ihren besonderen Eigenheiten, Sorgen, religiösen Sanktionen und so weiter. Sie besitzen die Norm, das Muster, aber dies Muster ist in sich selbst unrichtig, es ist unmoralisch. Die gesellschaftliche Moral ist unmoralisch. Stimmen Sie dem zu? Wenn ja, dann haben Sie damit die gesellschaftliche Moral verworfen, die aus Habsucht, Neid, Ehrgeiz besteht, aus Nationalismus, Klassenstolz und all dem übrigen. Aber haben Sie das tatsächlich getan, wenn Sie ja sagen? Die gesellschaftliche Moral ist unmoralisch – meinen Sie das wirklich? Oder sind das bloße Worte? Sehen Sie, mein Herr, wirklich moralisch, rechtschaffen zu sein, das ist eines der außergewöhnlichsten Dinge im Leben. Und zu begreifen, daß Moral überhaupt nichts zu tun hat mit sozialem, auf die Umgebung bezogenem Verhalten. Man muß frei sein, um wirklich rechtschaffen sein zu können, und Sie sind nicht frei, wenn Sie der gesellschaftlichen Moral der Habsucht, des Neides, des Konkurrenzkampfs, der An-

betung des Erfolges nacheifern – all der Dinge, die, wie Sie wissen, von Kirche und Gesellschaft als moralisch herausgestellt werden.

[F]: Sollen wir darauf warten, daß dies geschieht, oder gibt es irgendeine Regel, eine Disziplin, die wir dazu anwenden können?

[K]: Brauchen wir eine Disziplin, um einzusehen, daß Schauen Handeln ist? Brauchen wir das wirklich?

[F]: Könnten Sie etwas über die Stille des Geistes sagen? Ist sie die Folge von Disziplin oder nicht?

[K]: Sehen Sie, mein Herr: Ein Soldat bei einer Parade, der ist doch sehr ruhig, kerzengerade, das Gewehr ganz genau im Griff; so ist er gedrillt worden, Tag für Tag, Tag für Tag; jede Freiheit ist ihm zunichte gemacht worden. Er ist ganz ruhig; doch ist das Ruhe? Oder wenn ein Kind in ein Spiel versunken ist – ist das Ruhe? Nehmen Sie ihm das Spielzeug weg, und das Kind wird wieder, was es ist. Wird also Disziplin (begreifen Sie das, mein Herr, ein für allemal, es ist so einfach), wird Disziplin Ruhe zustande bringen? Sie bringt vielleicht Schwerfälligkeit, eine gewisse Stagnation, aber bringt sie eine Ruhe zustande, die intensiv tätig und dennoch Ruhe ist?

[F]: Herr Krishnamurti, was möchten Sie, das wir Menschen hier in dieser Welt tun?

[K]: Ganz einfach, mein Herr: Ich möchte gar nichts. Das ist das erste. Das zweite: Leben Sie, leben Sie in dieser Welt! Diese Welt ist so wunderbar schön. Es ist unsere Welt, unsere Erde, auf der wir leben können. Aber wir leben nicht, wir sind engstirnige, wir sind entfremdete, wir sind sorgenvolle, wir sind furchtsame Menschenwesen, und daher leben wir nicht, wir haben keine wirklichen Beziehungen, wir sind isolierte, verzweifelnde Menschenwesen. Wir wissen nicht, was es bedeutet, auf jene ekstatische, glückliche Weise zu leben. Ich sage, so kann man nur leben, wenn man weiß, wie man von all dem Stumpfsinn seines Daseins frei werden kann. Davon frei zu werden ist nur möglich, wenn man sich seiner Beziehungen bewußt wird, nicht nur zu anderen Menschen, sondern auch zu Ideen, zur Natur, zu allem und jedem. In diesem Beziehungsgefüge entdeckt man, was man ist, seine Ängste, Sorgen, seine Verzweiflung, seine Einsamkeit, seinen völligen Mangel an Liebe. Jeder ist voll von Theorien, Worten, Wissen darüber, was andere gesagt haben; doch über uns selbst wissen wir nichts, und daher wissen wir nicht zu leben.

[F]: Wie erklären Sie sich die verschiedenen Bewußtseinsebenen im Hinblick auf das menschliche Gehirn? Das Gehirn ist ja offensichtlich eine physische Angelegenheit, der Geist hingegen scheint doch keine physische Gegebenheit zu sein. Mehr noch: Der Geist hat anscheinend einen bewußten und einen unbewußten Teil. Wie können wir in all diese verschiedenen Vorstellungen eine gewisse Klarheit bringen?

[K]: Was ist der Unterschied zwischen dem Geist und dem Gehirn? Geht es darum, mein Herr? Das physische Gehirn, wie es ist, Resultat der Vergangenheit, Ergebnis der Evolution, vieler tausend gestriger Tage, mit all seinen Erinnerungen, seinem Wissen und seinen Erfahrungen – ist dies Gehirn nicht Teil des gesamten Geistes? Des Geistes, in dem es eine bewußte Ebene und die unbewußte Ebene gibt? Das Physische ebenso wie das Nicht-Physische, das Psychische, ist nicht all das ein Ganzes? Und sind es nicht wir, die es in das Bewußte und das Unbewußte, das Gehirn und das Nicht-Gehirn aufgeteilt haben? Können wir nicht das Ganze als eine Gesamtheit sehen, die ungeteilt ist?

Ist das Unbewußte denn so sehr verschieden von dem Bewußten? Ist es nicht vielmehr Teil des Gesamten, das wir aufgeteilt haben? Woraus sich die Frage ergibt: Wie kann der bewußte Geist des Unbewußten bewußt werden? Kann das Positive, das Tätige – das, was den ganzen Tag über an der Arbeit ist –, das Unbewußte beobachten?

Ich weiß nicht, ob uns Zeit bleibt, hierauf noch weiter einzugehen. Sind Sie nicht schon müde? Reduzieren Sie dies hier bitte nicht zu einem Unterhaltungsabend: man sitzt in einem netten, warmen Raum und hört einer Stimme zu... Wir behandeln hier sehr ernsthafte Dinge, und wenn Sie mitgearbeitet haben – wie Sie sollten –, müßten Sie jetzt eigentlich müde sein. Das Gehirn kann nur eine bestimmte Menge aufnehmen, und auf diese Frage nach dem Unbewußten und dem Bewußten einzugehen, erfordert einen sehr wachen und klaren Geist. Ich bezweifle sehr, daß Sie nach diesen anderthalb Stunden dazu noch imstande sind. Dürfen wir also, wenn Sie einverstanden sind, diese Frage ein andermal aufgreifen?

London, 16. März 1969

2. Zersplitterung

Spaltung.
Das Bewußte und das Unbewußte.
Dem »Bekannten« absterben.

Heute abend werden wir über die Frage nach dem Bewußten und dem Unbewußten sprechen, über die Oberfläche des Geistes und die tieferen Schichten des Bewußtseins. Ich frage mich, warum wir das Leben in Bruchstücke zerteilen, in das Arbeitsleben, das gesellschaftliche Leben, das Familienleben, das religiöse Leben, das Freizeitleben und so fort. Warum gibt es diese Aufteilung, nicht nur in uns, sondern auch im Gesellschaftlichen – wir und die da, du und ich, Liebe und Haß, Sterben- und Lebenlassen? Ich meine, wir sollten recht tief in diese Frage eindringen, um herauszufinden, ob es ein Leben gibt, in dem diese Aufteilung zwischen Leben- und Sterbenlassen, zwischen dem Bewußten und dem Unbewußten, dem Arbeits- und dem Gesellschaftsleben, dem familiären und dem persönlichen Leben überhaupt nicht existiert.

Diese Aufspaltungen in Nationalitäten, Religionen, Klassen, alle diese Trennungen in uns, in denen derart viel Widersprüche liegen – warum leben wir so? Das erzeugt so viel Verwirrung, Konflikte, Kriege? Es bringt wirkliche Unsicherheit, äußere wie innere. Überall treffen wir auf Aufspaltungen: hier Gott, dort der Teufel; hier das Gute, dort das Böse; hier »was sein müßte«, dort »was ist«!

Ich meine, es wäre der Mühe wert, diesen Abend darauf zu verwenden, herauszufinden, ob es nicht eine Lebensweise gibt – nicht theoretisch oder bloß intellektuell, sondern tatsächlich –, eine Lebensweise, bei der es überhaupt keine derartige Aufspaltung gibt. Eine Lebensweise, bei der das Tun nicht zersplittert ist, so daß es ein einziges Fließen ist und jedes Tun mit allem anderen Tun verbunden ist.

Um solch eine Lebensweise ohne Zersplitterung zu finden, müssen wir sehr tief in die Frage nach der Liebe und dem Tod eindringen. Wenn wir diese verstehen, mögen wir imstande sein, zu einer Lebensweise zu gelangen, die eine unaufhörliche Bewegung ist, nicht Stückwerk, eine Lebensweise, die im höchsten Maße intelligent ist. Einem gespaltenen Geist mangelt es an Intelligenz. Wer ein halbes Dutzend Leben führt – was allgemein als höchst moralisch gilt –, beweist damit fraglos nur einen Mangel an Intelligenz.

Aus meiner Sicht ist der Gedanke einer Integration – eines Zusammensetzens der verschiedenen Bruchstücke zu einem Ganzen – sicherlich nicht intelligent, weil dazu jemand da sein müßte, der integriert, der all die Bruchstücke zusammenfügt, während doch derjenige, der das versucht, selbst nur eins dieser Bruchstücke ist.

Was hier erforderlich ist, ist eine derartige Intelligenz und Leidenschaft, daß eine radikale Revolution in unserem Leben zustande kommt, so daß es keine widersprüchlichen Einzelhandlungen mehr gäbe, sondern nur noch eine ganze, ununterbrochene Bewegung. Um eine solche Veränderung des Lebens zustande zu bringen, ist wirklich Leidenschaft vonnöten. Wenn wir irgend etwas tun wollen, was der Mühe wert ist, müssen wir eine intensive Leidenschaft dafür haben – nicht bloß Lust dazu. Um dieses Tun zu begreifen, in dem es keine Zersplitterung und keine Widersprüchlichkeit mehr gibt, ist solch eine Leidenschaft nötig. Intellektuelle Konzepte und Rezepte können unsere Lebensweise nicht verwandeln, das kann nur das wirkliche Begreifen dessen, »was ist«; und dazu braucht es Intensität, Leidenschaft.

Um nun herauszufinden, ob es eine Lebensweise gibt – und ich meine das tägliche Leben, nicht ein klösterlich abgeschiedenes –, die diese Qualität der Leidenschaft und Intelligenz hat, müssen wir das Wesen des Vergnügens verstehen. Wir haben uns das letzte Mal bereits mit der Frage des Vergnügens beschäftigt, damit, wie das Denken ein Erlebnis festhält, das uns für einen Augenblick Vergnügen bereitet hat, und damit, wie das Denken dann dieser Lust Dauer verleihen möchte, einer Lust, die doch unweigerlich Schmerzen und Ängste mit sich bringt. Ist Liebe Lust? Für die meisten von uns sind die moralischen Werte auf Lust gegründet; sich aufzuopfern, sich um der Anpassung willen unter Kontrolle zu bringen, all das ist getrieben von dem Verlangen nach Lust: größer, edler, was auch immer zu sein. Ist Liebe eine Sache der Lust? »Liebe« – ein so belastetes Wort! Jedermann benutzt es, vom Politiker bis zum Ehemann und zur Ehefrau. Und doch bin ich überzeugt davon, daß allein

Liebe, im tiefsten Sinne des Wortes, eine Lebensweise zustande bringen kann, in der es keinerlei Zersplitterung gibt. Vergnügen schließt stets auch Angst mit ein, und wo in unseren Beziehungen irgendwelche Ängste sind, da wird es unweigerlich Zersplitterung, da muß es Spaltung geben.

Es ist wirklich ein tiefgreifendes Vorhaben zu ergründen, was den menschlichen Geist dazu bewegt, sich stets anderen gegenüber aufzuspalten und damit Gewalt zu erzeugen, und was er durch Gewalt zu erreichen hofft. Wir Menschen sind offensichtlich einer Lebensweise ergeben, die zum Krieg führt, während wir doch eigentlich Frieden und Freiheit wollen; aber Frieden eben nur als Idee, als Ideologie; und alles, was wir derweil tun, schafft ständig neue Abhängigkeiten.

Eine der Aufspaltungen, psychologisch gesehen, ist die der Zeiten; das Vergangene (das Gestern), das Heute und das Morgen. Wir müssen dies genau untersuchen, wenn wir je eine Lebensweise finden wollen, in der es keine Aufspaltungen mehr gibt. Dazu haben wir zu bedenken, ob die Zeiten, die Vergangenheit, die Gegenwart und die Zukunft – die psychischen Zeiten –, Ursache dieser Aufspaltungen sind. Werden die Aufspaltungen von dem Gewußten, dem Bekannten hervorgerufen, als Erinnerung, die Vergangenes ist, die den Inhalt des Gehirns ausmacht? Oder entstehen die Aufspaltungen deswegen, weil der »Betrachter«, der »Erlebende«, der »Denkende« stets abgesondert ist von der Sache, die er betrachtet, die er erlebt? Oder ist es das egoistische, ich-zentrierte Handeln, das »Ich« und »Du« sagt und seine eigenen Widerstände schafft, seine eigenen isolierten Tätigkeiten, das diese Aufteilungen verursacht? Um darauf einzugehen, müssen wir uns folgendes bewußtmachen: die Zeiten, den »Betrachter« als von der betrachteten Sache abgesondert, den Erlebenden als unterschieden von dem Erlebnis, die Lust, und die Frage, ob das alles irgend etwas mit Liebe zu tun hat.

Gibt es psychologisch gesehen ein Morgen? Tatsächlich, nicht vom Denken erfunden? Sicher, in der chronologischen Abfolge gibt es ein Morgen. Aber gibt es das auch, psychologisch, innerlich gesehen, tatsächlich? Wenn es ein Morgen bloß als Idee gibt, dann ist ein darauf gerichtetes Tun unvollständig und muß Aufteilung und Widerspruch hervorbringen. Die Idee eines Morgen, einer Zukunft ist – das dürfte wohl sicher sein – die Ursache dafür, daß wir die Dinge nicht ganz deutlich so sehen, wie sie jetzt sind. »Ich hoffe, sie morgen deutlicher zu sehen«, sagen wir. Wir sind träge, wir haben nicht diese Leidenschaft, dieses vitale Interesse daran, dahinterzukommen. Da erfindet denn das Denken die Wunschvorstellung, schließlich einmal anzukommen, schließlich einmal zu begreifen; und dafür ist Zeit notwendig, viele Tage sind notwendig. Aber bringt die Zeit wirklich das Begreifen, befähigt sie uns wirklich, etwas deutlicher zu sehen, als wir es jetzt können?

Ist es dem Geist möglich, von der Vergangenheit frei zu werden, so daß er nicht mehr durch die Zeit gebunden ist? Das Morgen ist, psychologisch gesehen, vom bereits Bekannten bestimmt. Besteht also die Möglichkeit, vom Bekannten frei zu werden? Besteht die Möglichkeit eines nicht vom Bekannten bestimmten Tuns?

Eines der schwierigsten Dinge ist es, miteinander in Kommunikation zu treten. Da ist zunächst die verbale Kommunikation, selbstverständlich, aber ich meine, es gibt noch eine viel tiefergehende Ebene der Kommunikation, die nicht nur eine verbale Kommunikation ist, sondern Kommunion, bei der wir beide uns auf derselben Ebene begegnen, mit der gleichen Intensität, mit der gleichen Leidenschaft. Erst dann ereignet sich Kommunion, etwas weit Wichtigeres als eine bloß verbale Kommunikation. Und da wir über eine recht komplexe Angelegenheit sprechen, die sehr tiefgreifend an unser tägliches Leben rührt, muß zwischen uns nicht nur verbale Kommunikation bestehen, sondern auch Kommunion. Was uns hier beschäftigt, ist eine radikale Revolution im Psychischen; und das nicht in einer fernen Zukunft, nein, wirklich heute, jetzt. Uns beschäftigt die Frage, ob sich der menschliche Geist, so wie er konditioniert ist, unmittelbar derart wandeln kann, daß seine Handlungen ein beständiges Ganzes sind, nicht zerbrochen und daher nicht mehr angenagt von Bedauern, von Verzweiflungen, Schmerzen, Ängsten, Sorgen, Schuldgefühlen und was nicht sonst noch allem. Wie kann der Geist das alles abwerfen und vollständig frisch, jung und unschuldig sein? Das ist es, worum es eigentlich geht. Ich bin nicht der Meinung, daß dies – solch eine radikale Revolution – möglich ist, solange eine Spaltung zwischen dem »Beobachter« und dem Beobachteten, zwischen dem »Erlebenden« und dem Erlebten besteht. Denn diese Spaltung bringt Konflikte hervor. Jede Spaltung muß unweigerlich Konflikte hervorbringen, und mit Konflikten, mit

Streit und Kampf kann offenkundig kein wirklicher Wandel im tiefen psychischen Sinne zustande kommen – auch wenn es ein paar oberflächliche Veränderungen geben mag. Wie also soll der Geist, das Herz und das Gehirn, der gesamte Mensch, mit diesem Problem der Spaltungen fertig werden?

Wir haben gesagt, wir wollten in die Frage nach dem Bewußten und nach den tieferen Ebenen, dem Unbewußten eindringen. Und so fragen wir nun, warum es diese Aufspaltung gibt, diese Aufspaltung zwischen dem bewußten Geist, der mit seinen täglichen Angelegenheiten, Ärgernissen, Problemen, oberflächlichen Vergnügungen, dem Erwerb des Lebensunterhaltes und all dem beschäftigt ist, auf der einen Seite, und den tieferen Ebenen dieses Geistes mit all seinen verborgenen Motivationen, seinen Trieben, zwanghaften Forderungen, seinen Ängsten auf der anderen Seite. Warum existiert diese Aufspaltung? Vielleicht deshalb, weil wir, oberflächlich gesehen, so beschäftigt sind mit dem endlosen Geschwätz, mit den ständigen, oberflächlichen Forderungen nach Amüsement und Unterhaltung, religiöser und sonstiger Art. Denn möglicherweise kann der oberflächliche Geist sich nicht in sich versenken, nicht tief in sich selbst hineingehen, solange diese Aufspaltung existiert.

Was enthalten die tieferen Schichten des Geistes – nicht nach Lehrmeinungen der Psychologen, nach Freud oder einem anderen? – und wie wollen Sie das herausfinden, ohne daß Sie all das nachlesen, was andere dazu geschrieben haben? Wie können Sie herausfinden, was Ihr Unbewußtes ist? Sie werden darauf achtgeben, nicht wahr? Oder wollen Sie darauf warten, daß Ihre Träume Ihnen den Inhalt Ihres Unbewußten interpretieren? Wer würde Ihnen diese Träume erklären? Die Experten? Die sind doch auch durch ihre Spezialisierung geprägt. Und wir fragen: Ist es denn überhaupt möglich, nicht zu träumen – ausgenommen selbstverständlich die Alpträume, nachdem einer etwas Verkehrtes gegessen oder ein zu schweres Abendessen zu sich genommen hat.

Es gibt das Unbewußte (so wollen wir es fürs erste weiterhin nennen). Woraus besteht es? Offenkundig aus Vergangenem, all dem Rassenbewußtsein, der rassischen Erbmasse, der Familientradition, den verschiedenen religiösen und sozialen Bedingtheiten – verborgen, dunkel, unentdeckt. Kann all das ohne Träume, ohne einen Analytiker aufzusuchen, entdeckt und ans Licht gebracht werden, so daß der Geist im Schlaf still und nicht unablässig aktiv ist, und mag nicht, weil er still ist, eine ganz andere Qualität in ihn eingehen, ein gänzlich anderes Tätigsein, abgelöst von den alltäglichen Sorgen, Ängsten, Ärgernissen, Problemen, Forderungen? Um herauszufinden, ob es möglich ist, überhaupt nicht mehr zu träumen, so daß der Geist des Morgens beim Erwachen wirklich frisch ist, muß man den ganzen Tag über aufmerksam sein, aufmerken auf die Fingerzeige und die Andeutungen. Und die sind nur in unseren Beziehungen zu entdecken: Wenn Sie Ihre Beziehungen mit anderen beachten, ohne zu verurteilen, ohne zu richten, ohne zu werten; einfach beachten, wie Sie sich verhalten, wie Sie reagieren; ohne jede Vorauswahl betrachten; einfach beobachten, so daß im Verlauf des Tages das Verborgene, das Unbewußte, ans Licht kommt.

Warum geben wir eigentlich dem Unbewußten solch eine tiefgreifende Wichtigkeit und Bedeutung? Denn schließlich und endlich ist es doch genauso unbedeutend wie das Bewußte. Wenn der bewußte Geist so außerordentlich aktiv ist, beobachtend, lauschend, schauend, wird dann nicht dieser bewußte Geist am Ende weit wichtiger als das Unbewußte? Kommen doch dabei alle Inhalte des Unbewußten ans Licht, und die Aufspaltung zwischen den verschiedenen Schichten findet ihr Ende. Wenn Sie Ihre Reaktionen beim Busfahren betrachten, beim Gespräch mit Ihrer Frau, mit Ihrem Mann, bei der Arbeit, beim Schreiben, beim Alleinsein – wenn Sie denn je allein sind –, dann wird durch diesen umfassenden Vorgang des Beobachtens (bei dem es keine Spaltung in den »Beobachtenden« und das »Beobachtete« mehr gibt), durch dieses Schauen der Widerspruch enden.

Wenn das einigermaßen deutlich geworden ist, dann können wir fragen: Was ist Liebe? Ist Liebe Eifersucht? Ist Liebe besitzergreifend? Sucht Liebe die Oberhand zu gewinnen? – Der Mann über die Frau und die Frau über den Mann? Sicherlich ist nichts davon Liebe. Und doch sind wir mit all diesen Dingen belastet, und doch sagen wir zu unserem Mann oder unserer Frau oder zu wem es auch sei: »Ich liebe dich.« Nun sind die meisten von uns in der einen oder anderen Weise neidisch. Und Neid entsteht durchs Vergleichen, durchs Maßnehmen an anderen, durch den Wunsch, jemand anderes zu sein, als man ist. Können wir den Neid so sehen, wie er tatsächlich ist, und dann vollkommen frei davon werden, so daß er nie mehr aufkommt? Wenn nicht, kann es keine Liebe geben. Liebe ist nicht zeitbedingt; Liebe kann nicht kultiviert werden; sie hat nichts mit Vergnügen zu tun.

Was ist der Tod? Welche Beziehung gibt es zwischen Liebe und Tod? Ich meine, wir werden die Beziehung zwischen den beiden erkennen, wenn wir die Bedeutung des Todes begriffen haben. Und um sie zu begreifen, müssen wir offenkundig begreifen, was Leben ist. Was ist unser Leben wirklich? Das tägliche Leben, nicht das ideologische, das intellektuelle Irgendwas, das nach unserer Meinung da sein sollte, was aber tatsächlich ein Irrtum ist. Was ist unser Leben wirklich? Das tägliche Leben in Konflikten, Verzweiflung, Einsamkeit, Isoliertheit. Unser Leben ist ein Kampfplatz, im Schlafen und im Wachen. Wir versuchen, dem auf alle möglichen Weisen zu entfliehen, durch Musik, Kunst, Museen, religiöse oder philosophische Unterhaltung, durch Ersinnen zahlreicher Theorien, versuchen als Gefangene unseres Wissens alles mögliche, nur nicht, diesen Konflikten ein Ende zu setzen, diesem Kampf, den wir Leben nennen, mit seinem unaufhörlichen Leid.

Kann das Leid des täglichen Lebens aufhören? Ehe der Geist sich nicht radikal wandelt, wird unser Leben sehr wenig Sinn haben: jeden Tag ins Büro gehen, unseren Lebensunterhalt verdienen, ein paar Bücher lesen, geschickt zitieren können, sehr gut informiert sein – ein Leben, das leer ist, ein wirklich spießbürgerliches Leben. Und dann, wenn man sich dieser Situation bewußt wird, geht man daran, einen Sinn des Lebens zu erfinden, irgendeine Bedeutsamkeit zu entdecken, die man ihm zuweisen könnte; oder man sucht sich die passenden Leute zusammen, die unserem Leben Bedeutsamkeit und Sinn geben – was ja nur eine weitere Flucht vor dem Leben ist. Diese Lebensweise muß einer radikalen Wandlung unterzogen werden.

Warum fürchten wir uns eigentlich vor dem Tod – so wie die meisten Leute es tun? Wovor fürchten wir uns? Betrachten Sie bitte einmal Ihre Ängste vor dem, was wir Tod nennen, diese Furcht davor, ans Ende dieses Kampfes zu gelangen, den wir Leben nennen. Wir fürchten uns vor dem Unbekannten, das eintreten könnte; wir fürchten uns davor, das uns Bekannte verlassen zu müssen, die Familie, die Bücher, die Anhänglichkeit an unsere Wohnung und unsere Möbel, an die Menschen, die uns nahestehen. Wir fürchten uns davor, die uns bekannten Dinge loszulassen, obwohl doch das Bekannte dieses Lebens Leid, Schmerz und Verzweiflung ist, mit gelegentlichem Aufblitzen von Freude, ohne daß ein Ende dieses ständigen Ringens abzusehen wäre. Das ist's, was wir Leben nennen – und von dem zu lassen, wir uns so fürchten. Es ist unser Ich – das Resultat all dieses Ansammelns –, das sich davor fürchtet, an sein Ende zu kommen – und deshalb nach einer vielversprechenden Zukunft verlangt, deshalb nach einer Reinkarnation verlangt. Diese Vorstellung der Reinkarnation, an die der gesamte Osten glaubt, besagt, daß Sie in einem nächsten Leben auf einer etwas höheren Sprosse der Lebensleiter wiedergeboren werden. Waren Sie etwa in diesem Leben ein Tellerwäscher, dann werden Sie im nächsten Leben ein Prinz sein oder irgend so etwas – jedenfalls wird dann jemand anders die Teller für Sie abwaschen. Für diejenigen, die an eine Reinkarnation glauben, müßte eigentlich das, was wir in diesem Leben sind, von größter Bedeutung sein, denn von all dem, was wir tun, wie wir uns verhalten, wie wir denken, wie wir handeln, hängt unser nächstes Leben ab; wir erhalten entweder eine Belohnung oder eine Strafe dafür. Aber in Wirklichkeit kümmern sich die Leute dort keinen Deut um ihr Verhalten; für sie ist das einfach eine Form des Glaubens unter anderem, gerade so wie der Glaube an einen Himmel, an Gott oder was Sie wollen. Tatsächlich jedoch ist das einzige, worauf es ankommt, das, was Sie jetzt sind, heute, wie Sie sich tatsächlich verhalten, nicht nur nach außen, sondern auch innerlich. Der Westen hat seine eigene Art, sich über den Tod hinwegzutrösten, er rationalisiert ihn, seiner eigenen religiösen Prägung gemäß.

Was also ist der Tod? Wirklich das Ende? Der Organismus gelangt an sein Ende, denn er wird alt oder krank oder erleidet einen Unfall. Nur sehr wenige von uns erleben ein schönes Alter, weil wir geplagte Wesen sind; auf unseren Gesichtern kann man das ablesen, wenn wir altern. Dazu kommt noch die Traurigkeit des Altwerdens, in der Erinnerung an all das Vergangene.

Könnten wir von Tag zu Tag allem »Bekannten« psychisch sterben? Wenn wir von dem »Bekannten« nicht frei geworden sind, können wir das »Mögliche« nie erreichen. Wie die Dinge stehen, liegt unsere »Möglichkeit« stets innerhalb des Bereiches des »Bekannten«. Doch wenn es Freiheit gibt, dann ist diese »Möglichkeit« unermeßlich.

lich. Kann man psychisch all seiner Vergangenheit sterben, allen An-
hänglichkeiten, Ängsten, den Sorgen, der Eitelkeit und dem Stolz,
und zwar so vollständig, daß Sie morgen als ein frischer und neuer
Mensch erwachen? Jetzt werden Sie fragen: »Wie ist das zu machen,
welche Methode gibt es dafür?« Aber es gibt keine Methode, weil
jede »Methode« ein Morgen voraussetzt; weil dabei vorausgesetzt
ist, daß Sie etwas einüben, um es dann schließlich zu erreichen, morgen, nach vielen Morgen. Oder können Sie ganz unmittelbar die
Wahrheit erkennen – sie wirklich, nicht theoretisch sehen –, nämlich:
daß der Geist nicht frisch, unschuldig, jung, vital, leidenschaftlich
sein kann, ehe nicht alles Vergangene psychisch zu Ende gekommen
ist? Doch wir wollen ja die Vergangenheit nicht loslassen, weil wir
selbst die Vergangenheit sind; all unsere Gedanken beruhen auf der
Vergangenheit; alles Wissen besteht aus Vergangenheit. Darum
kann der Geist hier nicht loslassen; jede Anstrengung, die er macht,
um loszulassen, ist immer noch Teil der Vergangenheit, der Vergangenheit, die ein anderes Stadium zu erreichen hofft.

Der Geist muß ganz außerordentlich ruhig, still werden. Und er wird
so außerordentlich ruhig ganz ohne Widerstände, ohne irgendein
System, wenn er dies in seiner Gesamtheit erblickt. Der Mensch hat
stets die Unsterblichkeit erstrebt: Er malt ein Bild und setzt seinen
Namen darauf – und hat eine Art Unsterblichkeit; er hinterläßt einen
Namen. So möchte der Mensch immer irgend etwas von sich hinter-
lassen. Aber was hat er denn zu geben – außer technischem Know-
how –, was hat er von sich selbst zu geben? Was ist er denn? Sie und
ich, was sind wir denn, psychologisch gesehen? Sie mögen vielleicht
ein dickeres Bankkonto haben, mögen cleverer sein als ich, oder was
auch immer; aber, psychologisch gesehen, was sind wir da? Ein Hau-
fen Worte, Erinnerungen, Erfahrungen – und das möchten wir einem
Sohn weitergeben, in einem Buch niederschreiben oder in einem Bild
malen, dieses »Ich«. Das Ich gewinnt extreme Wichtigkeit, das Ich im
Gegensatz zur Gemeinschaft, das Ich, das unverwechselbar sein, sich
verwirklichen, etwas Großes werden möchte – und was sonst noch
alles – Sie wissen schon. Wenn Sie dieses »Ich« beobachten, dann
werden Sie merken, daß es ein bloßes Bündel von Erinnerungen, von
leeren Worten ist: Das ist's, woran wir uns klammern; das ist der
wahre Grund der Trennung zwischen Ihnen und mir, zwischen denen
da und uns.

Wenn Sie all dies begreifen – beobachten Sie es selbst, nicht durch jemand anderen vermittelt, betrachten Sie es ganz aus der Nähe, ohne alle Beurteilung, Bewertung, Verdrängung, nur um es anzuschauen –, dann werden Sie erkennen, daß Liebe nur möglich sein kann, wo Tod ist. Liebe ist nicht Erinnerung, Liebe ist nicht Lust. Man sagt, Liebe sei mit Sex verbunden – womit wir wieder bei der Trennung zwischen weltlicher und heiliger Liebe angekommen wären, mit Billigung der einen und Verdammung der anderen. Ganz bestimmt ist Liebe nichts von alledem. Sie kann niemand vollständig überkommen, es sei denn, er wäre dem Vergangenen gestorben, all den Plagen, Konflikten und Leiden. Dann gibt es Liebe. Dann können wir alles tun, was wir wollen.

Wie wir schon beim letzten Mal gesagt haben: Es ist recht leicht, eine Frage zu stellen. Doch stellen Sie eine Frage, die für Sie Bedeutung hat, und bleiben Sie dabei, bis Sie selbst zu einer Lösung gekommen sind. Solches Fragen ist wichtig; wenig Sinn macht dagegen ein Fragen aufs Geratewohl.

[F]: Wenn wir nicht die Trennung zwischen dem, »was ist«, und dem, »was sein sollte«, hätten, dann könnten wir selbstzufrieden werden, dann brauchten wir uns nicht über all die schrecklichen Dinge aufzuregen, die passieren.

[K]: Was ist dieses »Was sein sollte« wirklich? Hat es überhaupt eine Wirklichkeit? Der Mensch ist gewalttätig, aber er »sollte« friedliebend sein. Was ist das »Sollte sein« in Wirklichkeit, und warum steckt dieses »So sollte es sein« überhaupt in uns? Wenn diese Trennung aufhören könnte, würde der Mensch dann selbstzufrieden werden und alles hinnehmen? Würde ich die Gewalt hinnehmen, wenn ich nicht das Ideal der Gewaltlosigkeit hätte? Gewaltlosigkeit ist seit den ältesten Tagen gepredigt worden: Du sollst nicht töten, sei mitfühlend, und so weiter. Und die Tatsache bleibt: Der Mensch ist gewaltbereit, das ist es, »was ist«. Wenn der Mensch das als unvermeidlich hinnimmt, dann wird er selbstzufrieden – wie er es derzeit ist. Er hat den Krieg als Lebensweise hingenommen und tut das immer noch, obwohl tausend Sanktionen, religiöse, soziale und andere, ihm sagen: »Du sollst nicht töten«, nicht nur keine Menschen, auch keine Tiere. Doch er tötet Tiere als Nahrung, und er zieht in den Krieg. Gäbe es also überhaupt kein Ideal, dann würde uns nur das »Was ist« bleiben. Würde das irgend jemanden selbstzu-

frieden machen? Würden wir dann nicht vielmehr die Energie, das Interesse, die Vitalität aufbringen, das, »was ist«, als Problem zu lösen? Ist nicht das Ideal der Gewaltlosigkeit eigentlich eine Flucht vor der Tatsache der Gewalt? Wenn der Geist aber nicht Ausflüchte sucht, sondern sich der Tatsache der Gewalt stellt – nämlich, daß er gewalttätig ist, und dies nicht verurteilt, nicht darüber richtet –, dann gewinnt solch ein Geist ganz sicher eine gänzlich andere Qualität, und es wird keine Gewalt mehr geben. Ein solcher Geist wird die Gewalt nicht mehr hinnehmen. Gewalt ist ja nicht nur Verletzen oder Töten. Gewalt ist ebenso diese Verzerrung überall da, wo man sich der gesellschaftlichen Moral fügt, sich ihr anpaßt, ihr gehorcht oder seiner eigenen absonderlichen Moral folgt. Jede Form von Kontrolle und Verdrängung ist eine Art Verzerrung und daher Gewalt. Um nun zu begreifen, »was ist«, braucht es ganz sicher eine große Anspannung, eine Wachsamkeit, um herauszufinden, was Tatsache ist. Und Tatsache ist die Spaltung, die der Mensch durch den Nationalismus geschaffen hat und die eine der Hauptursachen für Kriege ist. Wir nehmen das hin, wir verehren unsere Fahnen. Und dann sind da noch die von der Religion geschaffenen Spaltungen: Wir sind Christen, Buddhisten, dies oder jenes. Können wir denn nicht frei werden von dem, »was ist«, wenn wir nur die tatsächlich gegebenen Fakten betrachten? Sie können aber nur dann wirklich davon frei sein, wenn der Geist das, was er betrachtet, nicht verzerrt.

[F]: Was ist der Unterschied zwischen begriffsmäßiger und tatsächlicher Wahrnehmung?

[K]: Nehmen Sie einen Baum unter Verwendung eines Begriffs oder tatsächlich wahr? Wenn Sie eine Blume sehen, sehen Sie sie unmittelbar, oder sehen Sie sie durch das Filter Ihres botanischen oder nicht-botanischen Wissens oder unter dem Aspekt des Vergnügens, das sie bereitet? Wie sehen Sie das? Wenn es ein begriffsmäßiges Sehen ist, das heißt, wenn mittels des Denkens gesehen wird, wird dann überhaupt gesehen? Sehen Sie Ihre Frau oder Ihren Mann? Oder sehen Sie das Bild, das Sie von ihm oder ihr haben? Dieses Bild ist der Begriff, den Sie beim begriffsmäßigen Wahrnehmen benutzen. Doch wenn es überhaupt kein Bild gibt, dann sehen Sie wirklich, dann haben Sie wirklich eine Beziehung zu dem Wahrgenommenen.

Was ist das also für ein Mechanismus, der das Bild dazwischenschiebt, der uns daran hindert, den Baum, die Frau oder den Mann oder den Freund, wen oder was auch immer, wirklich zu sehen? Mir ist so – auch wenn ich hoffe, hier nicht recht zu haben –, als hätten Sie sich auch von mir ein Bild gemacht, nicht wahr? Doch wenn Sie sich ein Bild vom Vortragenden gemacht haben, dann hören Sie ihm ja gar nicht wirklich zu. Und wenn Sie Ihre Frau anschauen, oder Ihren Mann oder wen auch immer, und blicken dabei durch ein Bild, dann nehmen Sie ja nicht wirklich die Person wahr; Sie sehen die Person durch das Bild, und darum wird überhaupt keine Beziehung hergestellt; Sie mögen dann wohl sagen: »Ich liebe dich«, doch hat das überhaupt nichts zu bedeuten.

Kann der Geist damit aufhören, solche Bilder zu produzieren, wie wir sie hier besprechen? Das wird nur dann möglich sein, wenn der Geist seine ungeteilte Aufmerksamkeit dem Augenblick, dem momentanen Anspruch und Eindruck widmet. Ein ganz simples Beispiel: Sie fühlen sich geschmeichelt, und Sie mögen das, und schon baut dieses »Mögen« das Bild auf. Wenn Sie aber mit vollkommener Aufmerksamkeit auf diese Schmeichelei hören, weder mit Mögen noch mit Nicht-Mögen, unverwandt, ganz und gar hören, dann kann kein Bild aufgebaut werden. Sie nennen dann den anderen nicht gleich Ihren Freund, so wie Sie andererseits den, der Sie beleidigt, nicht gleich Ihren Feind nennen. Das »Bilderaufbauen« geschieht aus Unaufmerksamkeit; wo Aufmerksamkeit ist, da werden keine feststehenden Begriffe aufgebaut. Tun Sie das. Es ist ganz leicht, es herauszufinden. Wenn Sie dem Anschauen eines Baumes, einer Blume oder einer Wolke Ihre ungeteilte Aufmerksamkeit widmen, dann kann keine Projektion Ihres botanischen Wissens, Ihres Mögens oder Nicht-Mögens dazwischentreten, Sie schauen bloß – womit nicht gesagt sein soll, daß Sie sich mit dem Baum identifizieren, Sie können nie und nimmer der Baum sein. Wenn Sie Ihre Frau, Ihren Mann, Freundin oder Freund ohne jedes vorgefertigte Bild anschauen, dann wird eine Beziehung völlig anders, dann kann sich das Denken einmal nicht einmischen, und Liebe wird möglich.

[F]: Gehören Liebe und Freiheit zusammen?

[K]: Können wir denn lieben ohne Freiheit? Wenn wir nicht frei sind, können wir dann lieben? Wenn wir eifersüchtig sind, können wir dann lieben? Verängstigt, können wir dann lieben? Oder wenn

wir im Büro unseren ganz persönlichen Ehrgeiz verfolgen, nach Hause kommen und sagen: »Ich liebe dich, mein Schatz« – ist das Liebe? Im Büro sind wir brutal, gerissen, und versuchen dann zu Hause fügsam und liebevoll zu sein – ist das möglich? Mit der einen Hand umbringen, mit der anderen lieben? Kann der Ehrgeizige je lieben, kann ein konkurrierender Mann je erkennen, was Liebe bedeutet? Wir akzeptieren all das zusammen mit der gesellschaftlichen Moral. Aber erst wenn wir diese gesellschaftliche Moral ablehnen, vollständig, mit allen Fasern unseres Seins, sind wir wirklich moralisch – doch wir tun es nicht. Wir sind weiterhin gesellschaftsfähig, moralisch, respektabel und wissen daher nicht, was Liebe ist. Und ohne Liebe werden wir nie herausfinden, was Wahrheit ist, noch, ob es so etwas wie Gott gibt – oder nicht. Wir können erst dann erkennen, was Liebe ist, wenn wir gelernt haben, allem Gestrigen abzusterben, allen Bildern von Vergnügen, den sexuellen und allen anderen; erst dann, wenn die Liebe kommt, die in sich selbst Sittlichkeit, Moral ist – die gesamte Ethik liegt in ihr –, erst dann tritt diese andere Wirklichkeit, dieses nicht Meßbare, ins Dasein.

[F]: Der einzelne schafft aus seiner Verwirrtheit heraus diese Gesellschaft. Raten Sie uns, der einzelne solle sich davon losmachen, so daß er nicht mehr von der Gesellschaft abhängig ist?

[K]: Ist denn der einzelne nicht die Gesellschaft? Sie und ich, wir haben diese Gesellschaft geschaffen, mit unserer Habsucht, mit unserem Ehrgeiz, mit unserem Nationalismus, mit unserer Konkurrenzsucht, Brutalität, Gewalt. Das ist's, was wir aus uns heraus in der Welt bewirkt haben, weil das ist, was wir innerlich sind. Der Krieg in Vietnam, für den sind wir verantwortlich, Sie und ich, wirklich, weil wir Krieg als Lebensweise akzeptiert haben. Wollen Sie tatsächlich vorschlagen, wir sollten uns davon losmachen? Dagegen wäre doch dann zu fragen: Wie können Sie sich von sich selbst losmachen? Sie sind Teil dieses ganzen Schlamassels und können von diesen Scheußlichkeiten, dieser Gewalt, von all dem, was da tatsächlich vorgeht, bestimmt nicht frei werden, indem Sie sich loszumachen versuchen, sondern indem Sie alles, was da in Ihnen steckt, kennenlernen, beobachten, begreifen und dadurch von all der Gewalt frei werden. Sie können sich doch nicht von sich selbst losmachen! Und damit stellt sich die Frage, »wer« das tun soll. »Wer« soll »mich« von der Gesellschaft losmachen, oder »mich« von mir

selbst? Das Wesen, das sich losmachen möchte, ist das denn nicht Teil des ganzen Zirkus? All das zu begreifen – daß der »Betrachter« nicht von der betrachteten Sache unterschieden ist – ist Meditation. Das erfordert eine ganze Menge Einsicht in uns selbst, keine analytische. Durch ein solches Beobachten unserer Beziehung zu den Dingen, zu unserem Besitz, zu den Menschen, zu den Ideen, zur Natur, gelangen wir innerlich zu dieser Wahrnehmung vollkommener Freiheit.

London, 20. März 1969

3. Meditation

Die Bedeutung des »Suchens«.
Probleme des Einübens und des Kontrollierens.
Die Qualität der Stille.

Heute möchte ich über etwas sprechen, was ich für sehr wichtig halte. Wenn wir das begreifen, werden wir vielleicht fähig sein, aus uns selbst eine ganzheitliche Wahrnehmung des Lebens zu gewinnen, ohne alle Zersplitterung, so daß wir völlig frei, voller Freude handeln können.

Wir sind immer auf der Suche nach irgendeiner Art von Mysterium, weil wir so unzufrieden sind mit dem Leben, das wir führen, mit der Belanglosigkeit unserer Aktivitäten, die so wenig bedeuten und denen wir so gerne einen Sinn, eine Bedeutung verleihen möchten; aber das wäre ein intellektueller Akt, der schon deswegen immer oberflächlich, trügerisch und schließlich doch bedeutungslos bleiben müßte. Und dennoch, obwohl wir dies alles wissen – wie unsere Freuden so rasch vorbeigehen, unsere täglichen Aktivitäten zur Routine werden, auch daß unsere Probleme, so viele es auch sind, vielleicht nie gelöst werden können und ohne einen Glauben an irgend etwas, ohne Zutrauen zu den überkommenen Werten, zu den Lehrern, den Gurus, den Verheißungen und Sanktionen von Kirche und Gesellschaft –, obwohl wir dies alles wissen, sondieren und suchen die meisten von uns immer weiter, um vielleicht doch etwas zu entdecken, das der Mühe wert ist, etwas, das nicht vom Denken angegriffen ist, etwas, das wirklich randvoll von Schönheit und Begeisterung ist. So versuchen die meisten von uns, wie ich meine, etwas ausfindig zu machen, das Bestand hat, das nicht so leicht zu korrumpieren ist. Blicken wir hinter unsere Fassaden, dann spüren wir da ein tiefes Verlangen – nicht bloß emotional oder sentimental –, ein tiefes Forschen nach einer Tür zu etwas vom Denken nicht Meßbarem, etwas, das nicht in die Kategorien von Glauben oder Überzeugungen gesteckt werden kann. Aber hat dies Forschen und Suchen irgendeinen Sinn?

Wir wollen heute die Frage der Meditation erörtern. Das ist eine recht komplexe Frage. Bevor wir auf sie eingehen, sollten wir uns über dieses Forschen, dieses Suchen nach Erfahrungen, nach einer neuen Wirklichkeit ganz klar geworden sein. Wir müssen die Bedeutung des Suchens und Forschens nach Wahrheit verstehen, des intellektuellen Tastens nach etwas Neuem, das nicht zeitbedingt ist, das nicht von unseren Ansprüchen, Zwängen und Hoffnungslosigkeiten zustande gebracht worden ist. Doch kann Wahrheit je durch Suchen gefunden werden? Wäre sie erkennbar, wenn man sie denn gefunden hätte? Hätte man das geschafft, könnte man dann sagen: »Das ist die Wahrheit« – »Das ist das Wirkliche«? Hat solch ein Nachforschen irgendeinen Sinn? Religiöse Menschen reden ja stets von der Suche nach Wahrheit, und da fragen wir nun, ob Wahrheit je gesucht werden kann! Steckt nicht in der Vorstellung eines solchen Suchens und Findens notwendigerweise zugleich die Vorstellung eines möglichen Erkennens? Denn wenn ich etwas gefunden habe, muß ich es doch erkennen können. Aber setzt Erkennen nicht voraus, daß ich bereits ein Vorwissen davon habe? Ist Wahrheit »erkennbar« – wozu sie bereits erfahren worden sein müßte, so daß jemand imstande wäre zu sagen: »Das ist sie!«? Hat all dies Suchen also überhaupt einen Wert? Und wenn nicht, dann könnte doch nur ein beständiges Beobachten, ein beständiges Lauschen Wert haben – was nicht das gleiche wie Suchen ist. Wo ein beständiges Beobachten geschieht, da gibt es keine Bewegung des Vergangenen. »Beobachten« meint ein völlig klares Sehen, und um völlig klar sehen zu können, ist Freiheit unerläßlich, Freiheit von Ressentiments, Freiheit von Feindseligkeit, von allen Vorurteilen und allem Groll, Freiheit von all den Erinnerungen, die wir als Wissen gespeichert haben und die sich in das Schauen einmischen. Wenn aber diese Qualität, diese Art der Freiheit in der beständigen Beobachtung – nicht nur der äußeren Dinge, sondern auch des Innern besteht, also all dessen, was wirklich vor sich geht, wieso sollte dann überhaupt noch ein Suchen nötig sein? Es ist doch alles da, das Vorhandene, das, »was ist«, und wird beobachtet. In dem Augenblick jedoch, wo wir das, »was ist«, in etwas anderes verwandeln möchten, kommt der Prozeß der Verzerrung in Gang. Beim freien Beobachten, ohne alle Verzerrung, ohne alle Wertung, ohne jeden Wunsch nach Lustgewinn, einfach beim Beobachten, merken wir, wie das, »was ist«, eine ganz außerordentliche Veränderung erfährt.

Die meisten von uns versuchen, ihr Leben mit Wissen zu erfüllen, mit Unterhaltung, mit geistlichen Sehnsüchten und Glaubensgütern, alles Dinge, die sich bei genauerer Betrachtung als sehr wenig wertvoll erweisen. Wir möchten etwas Transzendentes erfahren, etwas jenseits alles Weltlichen, wir möchten etwas Gewaltiges erfahren, das keine Begrenzung und keine Zeitgebundenheit kennt. Doch um etwas derart Unermeßliches »erfahren« zu können, müssen wir verstehen, was »Erfahrung« bedeutet. Warum wünschen wir uns überhaupt »Erfahrungen«?

Bitte nehmen Sie nicht einfach hin, was der Vortragende sagt, lehnen Sie es auch nicht einfach ab, prüfen Sie es vielmehr. Der Vortragende – lassen Sie uns hier wieder ganz eindeutig sein – hat an sich gar keinen Wert. (So wie das Telefon, dem gehorchen Sie ja auch nicht. Das Telefon hat keine Autorität, Sie hören nur auf das, was aus ihm spricht.) Wenn Sie genau hinhören, so liegt darin Zuneigung, aber nicht gleich Zustimmung oder Widerspruch, sondern eine geistige Qualität, die Sie sagen läßt: »Laßt uns mal sehen, wovon da die Rede ist, laßt uns sehen, ob das irgendwelchen Wert hat, laßt uns sehen, was daran wahr und was falsch ist.« Also nicht einfach hinnehmen oder ablehnen, sondern beobachten und zuhören, nicht nur auf das, was gesagt wird, sondern auch auf Ihre Reaktionen, auf Ihre Verzerrungen beim Zuhören! Achten Sie auf Ihre Vorurteile, Ihre Meinungen und Bilder, Ihre Erfahrungen; achten Sie darauf, wie all das Sie am Zuhören hindert.

So fragen wir nun: Welche Bedeutung hat Erfahrung? Hat sie überhaupt eine Bedeutung? Kann Erfahrung einen Geist aufwecken, der eingeschlafen ist, der einmal zu gewissen Schlußfolgerungen gelangt ist und darin behaftet bleibt, fest geprägt von seinen Überzeugungen? Kann Erfahrung ihn aufwecken, dieses festgefügte Gebäude erschüttern? Kann solch ein Geist – derart geprägt, derart beladen mit seinen unzähligen Problemen, seiner Verzweiflung und seinem Gram –, kann er überhaupt noch eine Herausforderung annehmen? Kann er das? Und wenn er reagiert, wird seine Reaktion nicht unangemessen sein müssen und daher zu weiteren Konflikten führen? Unablässig nach einer breiteren, tieferen, transzendenten Erfahrung zu suchen ist auch nur eine Flucht vor der faktischen

Realität dessen, »was ist«, nämlich vor uns selbst, vor unserem festgeprägten Geist. Ein Geist, der hellwach ist, intelligent, frei, wozu sollte der irgendeine »Erfahrung« benötigen? Licht ist Licht und fragt nicht nach mehr Licht. Der Wunsch nach mehr »Erfahrungen« ist eine Flucht vor dem tatsächlich Gegebenen, vor dem, »was ist«.

Wenn wir frei sind von diesem fortwährenden Suchen, frei von dem Verlangen und dem Wunsch, etwas Außergewöhnliches zu erfahren, dann können wir darangehen, herauszufinden, was Meditation ist. Das Wort ist – wie die Worte »Liebe«, »Tod«, »Schönheit«, »Glück« – extrem belastet. So viele Schulen gibt es überall, die Sie das Meditieren lehren möchten. Doch um zu begreifen, was Meditation ist, müssen wir die Grundlagen des rechten Verhaltens schaffen. Denn ohne solch eine Grundlegung ist Meditation schließlich nichts als eine Art Selbsthypnose. Ohne frei zu sein von Zorn, Eifersucht, Neid, Habsucht, Besitzgier, Haß, Konkurrenzkampf, Erfolgsdrang – all diesen moralischen, respektablen Formen dessen, was als rechtschaffen gilt –, ohne den richtigen Grund zu legen, ohne wirklich sein tägliches Leben frei von der Verzerrung durch Ängste, Sorgen, Begierden und all dem zu führen, kann Meditation kaum irgendeinen Sinn haben. Diese Grundlegung ist demnach von entscheidender Bedeutung. Und so fragen wir uns nun: Was ist Sittlichkeit? Was ist Moral? Sagen Sie bitte nicht, das sei eine spießbürgerliche Frage, die in einer permissiven Gesellschaft, in der alles erlaubt ist, keine Bedeutung mehr habe. Wir beschäftigen uns ja überhaupt nicht mit dieser Art von Gesellschaft; wir beschäftigen uns vielmehr mit einem Leben, das vollständig frei ist von Ängsten, einem Leben, das zu einer tiefen, bleibenden Liebe fähig ist. Ohne das wird Meditation zu einer Ablenkung; gerade so, als nähme man eine Droge, was so viele tun –, um eine außergewöhnliche Erfahrung zu machen und dann sein schäbiges kleines Leben weiterzuführen. Wer Drogen nimmt, um ein paar fremdartige Erfahrungen zu machen, der sieht vielleicht ein wenig mehr Farbe, der wird vielleicht ein wenig empfindsamer und sieht so, in diesem »chemischen Zustand«, vielleicht ein paar Dinge ohne die Kluft zwischen dem »Beobachter« und dem Beobachteten. Sobald aber der chemische Effekt vorbei ist, fallen sie wieder dahin zurück, wo sie gewesen sind, zurück in ihre Ängste, ihre Öde, in ihre alte Tretmühle – also müssen Sie wieder die Droge nehmen.

Wenn wir nicht die Sittlichkeit zugrunde legen, wird die Meditation nichts als ein Trick sein, um den Geist unter Kontrolle zu bekommen, ihn ruhigzustellen, ihn zu zwingen, sich der Schablone eines Systems anzupassen, das ihm verspricht: »Tu all das, dann wirst du großen Lohn empfangen.« Aber solch ein Geist – nach welcher der allseits angebotenen Methoden und Systeme er sich auch richtet – wird immer klein, kümmerlich, abhängig und damit wertlos bleiben. Wir müssen untersuchen, was Sittlichkeit ist, was rechtes Verhalten ist. Ist unser Verhalten das Resultat der Zwänge unserer Umwelt, der Gesellschaft, der Kultur, in der wir aufgewachsen sind, so daß wir uns demgemäß verhalten müßten? Ist das Sittlichkeit? Besteht Sittlichkeit nicht vielmehr gerade in der Freiheit von der gesellschaftlichen Moral der Habsucht, des Neides und all dem anderen – was doch allgemein als höchst respektabel gilt? Kann Sittlichkeit kultiviert werden? Und wenn ja, wird sie dadurch nicht etwas Mechanisches, so daß schließlich gar nichts Sittliches mehr an ihr ist? Sittlichkeit ist doch etwas Lebendiges, Fließendes, das sich ständig selbst erneuert, sie kann unmöglich nach und nach zusammengesetzt werden. Das wäre so, als wenn man Demut kultivieren wollte. Können wir Demut kultivieren? Ja, der Eitle »kultiviert« die Demut; aber was immer er da kultivieren mag, er wird immer eitel bleiben. Nur im klaren Erkennen des Wesens der Eitelkeit und des Stolzes, nur in diesem Erkennen liegt die Freiheit von Eitelkeit und Stolz – und Demut kann sich einstellen. Ist dies nun ganz deutlich geworden, dann können wir wieder dazu übergehen, herauszufinden, was Meditation ist. Wenn wir nicht imstande sind, uns dem ganz tiefgehend zu widmen, mit allem Wirklichkeitssinn und aller Ernsthaftigkeit, nicht bloß für ein oder zwei Tage, dann sollten wir die Finger davon lassen. Sprechen Sie dann bitte nicht mehr von Meditation! Meditation ist, wenn wir sie recht begreifen, eines der außerordentlichsten Dinge. Aber wir können sie unmöglich begreifen, ehe wir nicht zu Ende gekommen sind mit all dem Suchen, Herumtasten, Wünschen, dem gierigen Festklammern an etwas, was wir für die Wahrheit halten – und was doch nur unsere eigene Projektion ist. Wir können nicht zu ihr gelangen, ehe wir nicht endlich damit aufhören, nach »Erfahrung« zu verlangen, und statt dessen die Verwirrung begreifen, in der wir leben, die Unordnung unseres eigenen Daseins. Denn mit der Entdeckung dieser Unordnung kommt Ordnung, eine Ordnung, die kein Verhaltenskodex ist. Erst wenn Sie das getan haben – was an sich schon Meditation ist –, können wir weiter fragen, nicht nur danach, was Meditation ist, sondern ebenso danach, was Meditation nicht ist, denn in der Ablehnung all dessen, was falsch ist, liegt die Wahrheit.

Jedes System, jede Methode, die Sie lehrt, wie man meditiert, ist ohne Frage falsch. Das ist leicht zu verstehen, intellektuell, logisch, denn wenn Sie etwas nach einer Methode einüben – wie edel, wie ehrwürdig, wie modern, wie populär sie auch sein mag –, dann machen Sie sich selbst zu etwas Mechanisiertem, Sie tun etwas wieder und wieder, um schließlich etwas zu erreichen. Bei der Meditation ist das Ziel nicht von den Mitteln zu unterscheiden. Die Methode hingegen verspricht Ihnen etwas; sie ist ein Mittel zum Zweck. Und wenn die Mittel mechanisch sind, dann ist das Ziel etwas maschinenmäßig Hervorgebrachtes. Der mechanisierte Geist sagt sich: »Ich werde etwas bekommen.« Man muß jedoch vollständig frei sein von allen Methoden, allen Systemen; und das ist dann bereits der Anfang der Meditation; Sie haben dann bereits etwas abgetan, das ganz und gar falsch und sinnlos ist. Andere wiederum üben sich im »Bewußtwerden«. Aber kann man denn Bewußtheit einüben? Wenn Sie Bewußtheit einüben, dann sind Sie während dieser ganzen Zeit unaufmerksam. Seien Sie sich also der Unaufmerksamkeit bewußt und üben Sie nicht, aufmerksam zu sein; wenn Sie sich Ihrer Unaufmerksamkeit bewußt sind, dann ergibt sich aus dieser Bewußtheit die Aufmerksamkeit, ohne daß Sie diese erst einüben müßten. Bitte begreifen Sie das, es ist so klar und so einfach! Sie brauchen nicht nach Burma, nach China, nach Indien zu gehen, sicherlich romantische Gegenden, die aber nicht an Tatsachen orientiert sind. Ich erinnere mich, einmal mit einer Gruppe von Leuten in Indien mit dem Auto unterwegs gewesen zu sein. Ich saß vorn neben dem Fahrer, hinten saßen drei, die sich über Bewußtsein unterhielten und gerne mit mir darüber diskutiert hätten, was Bewußtsein ist. Der Wagen fuhr sehr schnell. Plötzlich stand da eine Ziege auf der Straße, der Fahrer paßte nicht richtig auf und überfuhr das arme Tier. Die Herren hinter mir diskutierten weiter über Bewußtsein; sie haben überhaupt nicht mitbekommen, was passiert war! Sie lachen, aber ist es nicht das, was wir alle ständig tun: Intellektuell beschäftigen wir uns mit der Vorstellung des Bewußtseins, mit der verbalen, dialektischen Erforschung unserer Meinungen, aber wir sind uns nicht dessen bewußt, was wirklich passiert.

Es gibt kein Einüben, nur das Lebendigsein. Da wird die Frage gestellt: Wie kann das Denken kontrolliert werden? Das Denken schweift überall herum; Sie möchten über etwas nachdenken, und schon sind die Gedanken wieder weg und bei etwas anderem. Da heißt es dann: Übe, kontrolliere; denke an ein Bild, einen Satz oder was auch immer es sei, konzentriere Dich! Und wenn das Denken abschwirrt, woanders hin, dann ziehen Sie es wieder zurück, und dieser Kampf geht weiter und weiter, vor und zurück. Da fragen wir uns doch besser: Wieso ist denn eine Kontrolle des Denkens überhaupt nötig, und wer soll es sein, der solch eine Kontrolle durchführt? Bleiben Sie bitte ganz nah an dieser Frage. Denn ehe wir dieses reale Problem nicht wirklich verstanden haben, werden wir nicht imstande sein, zu erkennen, was Meditation bedeutet. Wenn also gesagt wird: »Ich muß das Denken kontrollieren«, wer ist dann der Kontrolleur, der Zensor? Ist der Zensor etwas anderes als das, was er kontrollieren, umgestalten oder mit einer neuen Qualität versehen möchte? Ist nicht beides ein und dasselbe? Was geschieht aber, wenn der »Denkende« merkt, daß er das Denken ist – was er ja ist –, daß der »Erfahrende« die Erfahrung ist? Was machen wir dann? Können Sie mir folgen? Der Denker ist das Denken, und nun schweift das Denken ab. Dann würde der Denker, der denkt, er sei etwas Separates, beschließen: »Ich muß das kontrollieren!« Aber ist denn der Denker etwas anderes als das, was wir Denken nennen? Gäbe es kein Denken, könnte es dann einen Denker geben?

Was passiert, wenn der Denker erkennt, daß er das Denken ist? Was passiert wirklich, wenn der »Denkende« das Denken ist, so wie der »Beobachtende« das Beobachtete ist? Was passiert? Es gibt dann eben kein Getrenntsein mehr, keine Aufspaltung und deswegen keinen Konflikt. Also braucht das Denken auch nicht mehr kontrolliert, umgestaltet zu werden. Und was passiert dann? Gibt es dann überhaupt noch solch ein Herumschweifen des Denkens? Bis dahin gab es eine Kontrolle des Denkens, eine Konzentration des Denkens, es gab die Konflikte zwischen dem »Denkenden«, der das Denken zu kontrollieren versuchte, und dem abschweifenden Denken. So ist es uns allen die ganze Zeit ergangen. Aber nun kommt uns plötzlich die Einsicht, daß der »Denkende« das Denken ist – als Einsicht, nicht als bloß verbale Behauptung, nein, als Tatsache. Und was passiert jetzt? Gibt es jetzt noch so etwas wie ein abschweifendes Denken? Nur wenn der »Beobachtende« vom Denken unterschieden ist, wird er es zensieren wollen; dann wird er sagen: »Dies ist richtiges und jenes ist falsches Denken«, oder: »Das Denken schweift ab! Ich muß es unter Kontrolle bringen!« Aber wenn nun der Denker einsieht, daß er das Denken ist, wird es dann überhaupt ein Abschweifen geben? Vertiefen Sie sich in diese Frage, meine Damen und Herren, nehmen Sie das nicht bloß so hin, Sie können es selbst erkennen! Nur wenn es Widerstand gibt, entstehen Konflikte; und solch einen Widerstand schafft sich der Denker, der denkt, er sei vom Denken verschieden. Wenn aber der Denker einsieht, daß er das Denken ist, dann kann es keinen Widerstand mehr geben. Das Denken schweift dann nicht mehr überall herum und tut, was es möchte, ganz im Gegenteil.

Das gesamte Konzept von Kontrolle und Konzentration erfährt jetzt eine gewaltige Veränderung, aus der sich etwas gänzlich anderes ergibt, nämlich Aufmerksamkeit. Und wenn wir recht begriffen haben, was Aufmerksamkeit eigentlich ist und daß wir sie scharf einstellen können, dann begreifen wir auch, daß sie etwas wesentlich anderes ist als Konzentration, die ein Ausschließen ist. Nun werden Sie womöglich fragen: »Aber kann ich wirklich etwas ohne Konzentration tun?« »Brauche ich nicht Konzentration, um wirklich etwas tun zu können?« Aber können Sie denn nicht einmal versuchen, etwas mit Aufmerksamkeit zu tun? – die ja nicht Konzentration ist. »Aufmerksamkeit« meint auf etwas achtgeben, also horchen, zuhören, schauen, mit Ihrem gesamten Wesen, mit Ihrem Körper, mit Ihren Nerven, mit Ihren Augen, mit Ihren Ohren, mit Ihrem Geist, mit Ihrem Herzen, mit allem. Mit einer solchen völligen Aufmerksamkeit – in der keine Aufspaltung ist – können Sie alles tun; in einer solchen Aufmerksamkeit gibt es ja keine Widerstände mehr. Die nächste Frage ist nun: Kann der Geist, zu dem das Gehirn gehört – dieses so vorgeprägte Gehirn, Resultat von tausenden und abertausenden Jahren Evolution, Lagerhaus der Erinnerungen –, kann der zur Ruhe kommen? Denn nur wenn der gesamte Geist still und ruhig ist, kann sich Wahrnehmung ereignen, klares Sehen, mit einem nicht in Verwirrung gestürzten Geist. Aber wie kann der Geist ruhig, still werden? Ich weiß nicht, ob Sie selbst schon bemerkt haben, daß Sie, um einen schönen Baum oder eine Wolke voller Licht und Glanz anschauen zu können, ganz erfüllt und still nur schauen müssen. Denn sonst schauen Sie das Gesehene ja nicht unmittelbar, sondern betrachten mit dem Gedanken an Vergnügen oder mit der Erinnerung an gestern. Sie betrachten es dann nicht wirklich; Sie betrachten das Bild anstelle des tatsächlich Vorhandenen.

Kann also – so ist zu fragen – der Geist in seiner Gesamtheit, das Gehirn eingeschlossen, vollkommen still sein? Viele Leute, die sich diese Frage gestellt haben – wirklich sehr ernsthafte Leute –, sind nicht imstande gewesen, sie zu beantworten. So haben sie schließlich alle möglichen Tricks angewandt, haben etwa behauptet, der Geist könne still werden durch die Wiederholung bestimmter Worte. Haben Sie das je versucht, etwa »Ave Maria« oder diese Sanskrit-Worte, die manche aus Indien herbringen, Mantras genannt, derartige Worte zu rezitieren, um damit den Geist still zu machen? Es kommt nicht darauf an, welches Wort es ist, nur rhythmisch muß es gehen – Coca-Cola, irgend so ein Wort –, nur oft genug muß es wiederholt werden, und dann werden Sie schon sehen, wie Ihr Geist ruhig wird. Nur wäre das ein abgestumpfter Geist, kein empfindsamer, wacher, aktiver, vitaler, leidenschaftlicher, lebhafter Geist. Und ein abgestumpfter Geist, der sich einreden möchte: »Ich habe eine ungeheure transzendente Erfahrung gemacht«, führt sich selbst hinters Licht.

Nein, mit der Wiederholung irgendwelcher Worte geht es wirklich nicht, auch nicht, indem wir es herbeizuzwingen versuchen. Zu viele Tricks sind dem Geist schon angedient worden, um ihn zur Ruhe zu bringen. Und doch wissen wir tief in uns, daß erst, wenn der Geist zur Ruhe gekommen ist, aller Wirbel endet und wirkliche Wahrnehmung sich eröffnet.

Wie also kann nun der Geist, das Gehirn einbegriffen, vollkommen ruhig werden? Da kommen jetzt noch die, die das rechte Atmen anraten: tiefe Atemzüge machen, damit mehr Sauerstoff ins Blut gelangt! Ja gewiß, ein kümmerlicher kleiner Geist kann durch ständiges tiefes Atmen ziemlich ruhig werden – nur ist er dann immer noch das, was er ist: ein kümmerlicher kleiner Geist. Oder geht es mit Yoga-Übungen? Auch dazu gehört wieder so vielerlei! Yoga meint praktizierte Geschicklichkeit, nicht bloß die Durchführung bestimmter Übungen, die allerdings nötig sind, um den Körper gesund, stark, sensibel zu erhalten, einschließlich bestimmter Ernährungsregeln, z. B. sich nicht mit Fleisch vollzustopfen und ähnliches mehr. (Lassen Sie uns darauf nicht näher eingehen; vermutlich sind Sie ja ohnehin alle Fleischesser.) Praktizierte Geschicklichkeit erfordert eine große Sensibilität des Körpers, eine Leichtigkeit des Körpers, das Rechte zu essen, nicht, was Ihr Gaumen Ihnen diktiert oder woran Sie gewöhnt sind.

Was ist jetzt zu tun, fragen wir. Aber wer ist das, der diese Frage stellt? Deutlich ist doch, daß unser Leben sich in Unordnung befindet, innerlich wie äußerlich, daß aber Ordnung unerläßlich ist, nicht weniger als eine mathematische Ordnung. Und die kann nur zustande kommen durch die Erkenntnis der Unordnung, nicht durch die Unterwerfung unter Verhaltensmuster, die andere oder auch Sie selbst für Ordnung halten. Aus dem Schauen, dem Gewahrwerden der Unordnung geht Ordnung hervor. Deutlich ist auch, daß der Geist ganz außerordentlich ruhig, sensibel, wachsam sein muß, nicht in irgendeiner physischen oder psychischen Gewohnheit befangen. Wie kann das zustande kommen? Wer stellt hier die Frage? Wird die Frage von einem Geist gestellt, der nur daherredet, einem Geist, der ja soviel weiß? Hat er etwas Neues lernen können? Nämlich: »Ich kann nur dann ganz klar sehen, wenn ich ruhig bin, daher muß ich ruhig sein.« Aber dann wird er fragen: »Und wie kann ich ruhig werden?« Und solch eine Frage ist eben falsch, denn in dem Augenblick, in dem nach einem »Wie« gefragt wird, fängt die Suche nach einem System an, und zerstört wird, was eigentlich untersucht wird, nämlich: Wie kann der Geist vollkommen still sein, ohne dazu manipuliert, gezwungen, genötigt zu sein? Ein Geist, der nicht genötigt worden ist, still zu sein, ist ganz außerordentlich aktiv, sensibel, wachsam. Doch sowie Sie nach dem »Wie« fragen, ist die Spaltung zwischen dem Beobachtenden und dem Beobachteten wieder da.

Wenn Ihnen klar geworden ist, daß es keine Methode, kein System dafür gibt, ruhig zu werden, daß Ihnen kein Mantra, kein Lehrer, nichts in der Welt dazu verhelfen kann; wenn Ihnen die Wahrheit klar geworden ist, daß nur der ruhige Geist sehen kann, dann wird Ihr Geist vollkommen ruhig. Das ist so, als würden Sie eine Gefahr erkennen und sie deshalb vermeiden. Genau so ist's: Wenn Sie erkennen, daß der Geist vollkommen ruhig sein muß, wird er ruhig sein.

Nun kommt es auf die *Qualität* der Ruhe an. Ein sehr enger Geist kann auch sehr ruhig sein, er hat seinen kleinen Raum, in dem Ruhe herrschen soll; dieser kleine Raum mit seiner kleinen Ruhe ist nur leider das Ödeste – Sie kennen das. Ein Geist mit unbegrenztem Raum und dessen Ruhe, dessen Stille hat dagegen kein Zentrum, kein »Ich« als »Beobachtenden« und ist etwas gänzlich anderes. In dieser Stille gibt es gar keinen »Beobachtenden« mehr; eine solche Qualität der Stille hat weitesten Raum, hat keine Grenzen und eine intensive Aktivität, die gänzlich verschieden ist von der, die sich um das eigene Ich dreht. Wenn der Geist so weit gekommen ist (tatsächlich ist es gar nicht so weit, es ist ja immer da – wenn Sie zu schauen verstehen), dann ist vermutlich auch all das da, wonach der Mensch seit Jahrhunderten sucht, Gott, die Wahrheit, das Unermeßliche, das Namenlose, das Zeitlose – ohne besondere Einladung, es ist einfach da. So ein Mensch ist gesegnet, für ihn ist Wahrheit da und Ekstase.

Sollen wir das weiter durchsprechen, Fragen dazu stellen? Sie könnten mir vorhalten: »Was bedeutet all das für mein tägliches Dasein? Ich muß mein Leben führen, muß ins Büro, mich um meine Familie kümmern, kann den Chef und die Konkurrenz nicht vergessen – was hat all das damit zu tun?« Fragen Sie sich das etwa? Wenn ja, dann hätten Sie allerdings all das, was wir heute morgen gesagt haben, nicht wirklich nachvollzogen. Meditation ist doch nicht vom täglichen Leben abgeschieden. Wollen Sie sich etwa in eine Zimmerecke zurückziehen, zehn Minuten meditieren, wieder auftauchen und wieder der Schlachter sein wie zuvor im übertragenen Sinn und auch tatsächlich? Meditieren ist eine wirklich ernsthafte Sache; Sie tun es den ganzen Tag, im Büro, mit der Familie, wenn Sie zu jemandem sagen »Ich liebe dich«, wenn Sie über Ihre Kinder nachdenken, auch wenn Sie diese so erziehen, daß sie Soldaten werden, daß sie töten, nationalistisch denken lernen, die Fahne verehren, sie dazu erziehen, geradewegs in diese Falle der modernen Welt hineinzugeraten. Dies alles wahrzunehmen, zu erkennen, wie Sie Teil dieser Welt sind, all das ist schon Meditation. Und wenn Sie so meditieren, werden Sie eine außerordentliche Schönheit darin entdecken. Sie werden in jedem Augenblick recht handeln. Und auch wenn Sie in einem bestimmten Augenblick nicht recht handeln, dann macht das nichts, Sie werden es erneut anpacken – und werden keine Zeit mit

Bedauern verschwenden. Meditation ist Teil unseres Lebens, nicht etwas vom Leben Verschiedenes.

[F]: Können Sie uns etwas über Trägheit sagen?

[K]: Trägheit – zunächst einmal: Was ist an Trägheit verkehrt? Wir wollen nicht Trägheit mit Muße in einen Topf werfen! Die meisten von uns sind unglücklicherweise träge, mit der Tendenz zur völligen Gleichgültigkeit. Wir müssen uns zwingen, aktiv zu sein – und werden dadurch nur noch träger. Je mehr ich der Trägheit zu widerstehen versuche, desto träger werde ich. Aber schauen wir uns unsere Trägheit einmal an: Des Morgens beim Aufstehen fühle ich mich schrecklich träge und möchte am liebsten so vieles nicht tun. Warum ist mein Körper denn so träge geworden? Vermutlich habe ich mich übergessen, mich sexuell übernommen, habe seit dem gestrigen Tag und Abend alles getan, um meinen Körper schwer und matt zu machen; und nun sagt der Körper: Laß mich doch um Gottes willen ein Weilchen in Ruhe; und dann möchte ich ihn wohl zur Aktivität zwingen, korrigiere aber meine Lebensweise nicht, so daß ich schließlich eine Pille nehmen muß, um aktiv zu werden. Wenn ich jedoch genau hinschaue, dann werde ich merken, daß der Körper seine eigene Intelligenz hat. Und um die zu erkennen, muß ich erst einmal selbst eine ganze Menge Intelligenz aufbringen. Wir setzen unseren Körper unter Druck, wir treiben ihn an; wir verabfolgen ihm Fleisch, wir trinken und rauchen – Sie wissen schon, dies und noch alles mögliche mehr –, und so verliert der Körper dann seine ihm eigene innewohnende organische Intelligenz. Damit der Körper sich intelligent verhalten kann, muß der Geist erst einmal intelligent werden und den Körper nicht ständig stören. Versuchen Sie es, und Sie werden sehen, wie die Trägheit eine gewaltige Veränderung erfährt.

Dann ist da die Frage der Muße. Vor allem in den Wohlstandsgesellschaften haben die Menschen immer mehr Freizeit. Was fangen wir mit der Freizeit an? Das wird zum Problem: mehr Unterhaltung, mehr Kinos, mehr Fernsehen, mehr Bücher, mehr Geschwätz, mehr Segeln, mehr Fußball – Sie kennen das ja –, vom einen zum anderen, bloß um die leere freie Zeit mit allen möglichen Beschäftigungen auszufüllen. Die Kirche sagt: Füll sie mit Gott, geh zum Gottesdienst, bete – all diese Tricks, die sie seit eh und je angewandt hat, die aber nichts weiter sind als eine andere Art von Unterhaltung. Oder wir diskutieren endlos über dies und jenes. Sie haben Muße – werden Sie sie dazu verwenden, nach außen oder nach innen zu gehen? Leben ist ja nicht nur das innere Leben. Leben ist Bewegung, wie die Gezeiten, ein Kommen und Gehen. Was werden Sie mit Ihrer Muße anfangen? Werden Sie sich immer weiter fortbilden, um immer mehr Bücher zitieren zu können? Werden Sie losziehen und Vorträge halten (wie ich es unglücklicherweise tue), oder werden Sie tief in sich hineingehen? Aber um ganz tief nach innen gehen zu können, müssen wir auch das Äußere verstanden haben. Und je besser Sie das Äußere verstehen – nicht bloß die Fakten wie die Entfernung zwischen uns und dem Mond oder die technologischen Kenntnisse, sondern die Bewegungen draußen vor unserer Tür, die sozialen und nationalen Geschehnisse, die Kriege, den Haß allüberall –, je besser Sie das verstehen, um so tiefer können Sie nach innen vordringen. Und diese innere Tiefe kennt keine Begrenzung. Da werden Sie nicht sagen: »Jetzt bin ich ans Ende gelangt, dies ist die Erleuchtung.« Erleuchtung kann uns ohnehin nicht von jemand anderem gegeben werden; Erleuchtung kommt, wenn die Verwirrung begriffen worden ist; und um die Verwirrung zu begreifen, müssen wir sie betrachten.

[F]: Wenn Sie sagen, daß der Denkende und das Denken nicht getrennt sind, und wenn man denkt, der Denker sei doch abgetrennt und versucht, das Denken unter Kontrolle zu bekommen, so ruft das nur all den Streit und die Komplexität des Geistes wieder hervor; und sagen, daß auf diesem Wege keine Ruhe erreicht werden könne, dann begreife ich aber nicht – wenn der Denkende das Denken ist –, wie die Trennung zuallererst entstehen kann. Wie kann das Denken gegen sich selbst kämpfen?

[K]: Wie entsteht die Trennung zwischen dem Denkenden und dem Denken, wenn beide doch in Wirklichkeit eines sind? Ist es das, was Sie meinen? Ist es denn wirklich eine Tatsache für Sie, daß der Denkende das Denken ist – oder denken Sie nur, so müßte es eigentlich sein, in Wirklichkeit aber wäre es für Sie gar nicht so? Um das zu erkennen, brauchen Sie viel Energie, will sagen: Wenn Sie einen Baum sehen, dann brauchen Sie die nötige Energie, um nicht diese Aufspaltung in das »Ich« und den Baum zuzulassen. Um das zu erkennen, brauchen Sie ungeheure Energien; und dann gibt es keine Aufspaltung und daher keinen Konflikt zwischen beiden; da exi-

stiert keine Kontrolle. Da aber die meisten von uns von dieser Idee geprägt sind, der Denkende sei vom Denken unterschieden, entsteht der Konflikt immer aufs neue.

[F]: Warum erleben wir uns selbst als so schwierig?

[K]: Weil wir einen sehr komplexen Geist haben – so ist es doch? Wir sind keine schlichten Wesen, die die Dinge schlicht und einfach betrachten könnten; wir haben einen komplexen Geist. Auch die Gesellschaft entwickelt sich weiter und wird immer komplexer – wie unser eigener Geist. Um aber etwas sehr Komplexes verstehen zu können, muß man sehr einfach sein. Um etwas Komplexes, ein sehr komplexes Problem verstehen zu können, müssen wir das Problem selbst betrachten, ohne all die Schlußfolgerungen, Antworten, Vermutungen und Theorien in unsere Untersuchung einzubeziehen. Wenn Sie das Problem betrachten – und wissen, daß die Antwort im Problem selbst liegt –, dann wird Ihr Geist sehr einfach; diese Einfachheit liegt in der Beobachtung, nicht in dem Problem, das sehr komplex sein kann.

[F]: Wie kann ich die Dinge als Ganzes sehen, alles, als Ganzheit?

[K]: Wir sind gewohnt, die Dinge bruchstückweise zu betrachten. Den Baum sehen wir als etwas für sich, unsere Frau als jemanden für sich, das Büro, den Chef – alles in Bruchstücken. Wie kann ich die Welt, von der ich ein Teil bin, vollständig, total, ohne Aufspaltungen sehen? Hören Sie einmal genau zu, mein Herr, geben Sie gut acht: Wer soll diese Frage beantworten? Wer soll Ihnen sagen, wie Sie zu sehen haben? Etwa der Vortragende? Sie haben die Frage gestellt und erwarten eine Antwort – von wem? Wenn Ihre Frage wirklich ganz ernsthaft gemeint ist – und ich sage nicht, Ihre Frage sei verkehrt –, wenn die Frage wirklich ernsthaft ist, wo ist denn dann das Problem? Das Problem lautet doch so: »Ich kann die Dinge nicht vollständig sehen, weil ich sie immer nur als Bruchstücke in den Blick bekomme!« Wieso erblickt der Geist die Dinge nur in Bruchstücken? Weshalb? Ich liebe meine Frau und hasse meinen Chef! Begreifen Sie? Wenn ich meine Frau liebe, muß ich ebenso jeden anderen lieben. Etwa nicht? Sagen Sie nicht ja, weil Sie es doch nicht tun. Sie lieben Ihre Frau und Ihre Kinder nicht, nein, das tun Sie nicht, obwohl Sie es womöglich behaupten möchten. Denn wenn Sie Frau und Kinder lieben, werden Sie anders mit ihnen umgehen, Sie werden für sie sorgen – nicht

finanziell sorgen, sondern auf andere Weise. Aber nur da, wo wirklich Liebe ist, gibt es keine Aufspaltung. Verstehen Sie, mein Herr? Wenn Sie hassen, ist Spaltung da, dann sind Sie ängstlich, habgierig, neidisch, brutal, gewaltbereit. Wenn Sie aber lieben – nicht nur in Gedanken, Liebe ist ja nicht nur ein Wort, Liebe ist nicht nur Vergnügen –, wenn Sie wirklich lieben, dann gewinnen Vergnügen, Sex und all das eine ganz andere Qualität. In solch einer Liebe gibt es keine Spaltung. Spaltung entsteht da, wo Angst ist. Wenn Sie aber lieben, dann gibt es kein »ich« und »du« mehr, kein »wir« und »die da«. Jetzt werden Sie ja wohl fragen: »Und wie kann ich so lieben? Wo finde ich die Fährte, die mich dahin führt?« Darauf gibt es nur eine Antwort: Blicken Sie auf sich selbst, beobachten Sie sich selbst; prügeln Sie sich nicht dazu, beobachten Sie nur. Und aus dieser Beobachtung heraus, aus diesem Erkennen der Dinge, so wie sie sind, werden Sie dann vielleicht diese Liebe finden. Es gilt aber sehr hart an dieser Beobachtung zu arbeiten, nicht träge, nicht unachtsam zu sein.

London, 23. März 1969

Teil II

4. Kann der Mensch sich ändern?

Energie. Ihre Vergeudung in Konflikten.

Uns ist durchaus bekannt, in welchem Zustand sich unsere Welt befindet, wir sehen schon, was alles geschieht – die Studentenunruhen, die Klassenvorurteile, die Kämpfe zwischen Schwarzen und Weißen, die Kriege, die politische Wirrnis, die Spaltungen durch Nationalitäten und Religionen. Wir nehmen auch die Konflikte wahr, die Streitigkeiten und Sorgen, die Einsamkeit, die Verzweiflung, den Mangel an Liebe, die Ängste. Warum nehmen wir das alles hin? Warum nehmen wir diese moralischen und sozialen Bedingungen hin und wissen doch ganz genau, daß sie in höchstem Maße unmoralisch sind? Und wenn wir das doch wissen – nicht bloß emotional oder sentimental, sondern aus der konkreten Anschauung der Welt und unser selbst –, warum leben wir dann immer noch so, als gäbe es das alles nicht? Wie kommt es, daß unser Erziehungssystem keine wirklichen Menschen, sondern mechanisierte Wesen hervorbringt, darauf trainiert, den bestmöglichen Job zu finden und schließlich zu sterben? Erziehung, Wissenschaft und Religion haben unsere Probleme in gar keiner Weise zu lösen vermocht.

Mit all dieser Wirrnis vor Augen, warum fällt uns denn nichts anderes ein, als sie hinzunehmen und uns anzupassen, statt unser gesamtes Verhaltensmuster zum Einsturz zu bringen? Ich meine, wir müßten uns dieser Frage stellen, nicht intellektuell, nicht um irgendeinen Gott, irgendeine Selbstverwirklichung, irgendein besonderes Glückserlebnis zu finden, was doch unweigerlich nur wieder zu allen möglichen Ausflüchten führen würde, vielmehr in ruhiger Betrachtung, unverwandten Blickes, ohne jedes Urteilen und Bewerten. Wir müßten uns fragen, als erwachsene Menschen, wie es denn sein kann, daß wir dieses Leben führen – leben, uns abmühen und sterben. Und wenn wir uns solch einer Frage ernstlich stellen, in der vollen Absicht, zu verstehen, dann bleibt für alle Philosophien,

Theorien, alle spekulativen Gedankensysteme kein Raum mehr. Dann kommt es nicht mehr darauf an, was sein sollte oder sein könnte oder welchem Prinzip wir folgen sollten, welche Art von Idealen wir haben oder welcher Religion oder welchem Guru wir uns zuwenden sollten. All solche Antworten verlieren jede Bedeutung, wenn wir dieser Wirrnis, diesem Elend und den ständigen Konflikten unseres Daseins ins Auge blicken. Wir haben unser Leben zu einem Schlachtfeld verkommen lassen: jede Familie, jede Gruppe, jede Nation immer nur gegen die andere. Wenn wir das alles sehen, und zwar nicht nur als Vorstellung, sondern als das, was wir tatsächlich sehen, dem wir tatsächlich ins Auge blicken, dann werden wir uns endlich fragen, was da eigentlich vorgeht. Warum machen wir einfach immer so weiter, leben nicht und lieben nicht, sind aber voller Angst und Schrecken, bis zu unserem Tode?

Wenn Sie sich dieser Frage stellen, was werden Sie dann tun? Leute, die es sich in ihren vertrauten Idealen bequem gemacht haben, in einer gemütlichen Wohnung, mit ein wenig Geld, von allen hochgeachtet, spießbürgerlich halt, die werden solche Fragen nicht stellen. Wenn sie überhaupt Fragen stellen, dann nur in Übereinstimmung mit ihrem unaufhörlichen Verlangen nach individueller Befriedigung. Aber da es ein wahrhaft menschliches, allgemeines Problem ist, das unser aller Leben betrifft, das der Reichen wie das der Armen, das der Jungen wie das der Alten, muß man fragen: Warum führen wir dieses eintönige, unsinnige Leben, gehen vierzig Jahre lang ins Büro, ins Labor oder in die Fabrik, bringen ein paar Kinder zur Welt, erziehen sie auf alle möglichen absurden Weisen, um schließlich zu sterben? Ich meine, Sie müßten sich dieser Frage wirklich mit Ihrem ganzen Wesen stellen, um das herauszufinden. Und dann käme die nächste Frage: Können wir Menschen uns je radikal ändern, grundlegend, so daß wir die Welt neu sehen, mit anderen Augen, mit anderen Herzen, nicht mehr voller Haß, Feindseligkeit, Rassenvorurteile, vielmehr mit einem ganz klaren Geist, der gewaltige Energie hat?

Betrachten wir also dies alles – die Kriege, die absurden, von den Religionen geschaffenen Spaltungen, die Trennung zwischen Individuum und Gesellschaft, die Familie im Gegensatz zur ganzen übrigen Welt, jeder einzelne an sein einzigartiges Ideal geklammert, aufgeteilt in »ich« und »du«, in »wir« und »die da« –, betrachten wir all das, objektiv sowohl als auch psychologisch, dann bleibt doch wirklich nur eine Frage, ein grundsätzliches Problem, nämlich: Kann sich der menschliche Geist, so schwer konditioniert, wie er ist, kann er sich ändern? Nicht in irgendeiner künftigen Inkarnation, nicht nach unserem Lebensende, nein, kann er sich jetzt ändern, so radikal, daß er neu, frisch, jung, unschuldig, unbelastet wäre und wir erfahren könnten, was es bedeutet, zu lieben und in Frieden zu leben. Das ist meiner Überzeugung nach das einzige Problem. Sobald dies Problem gelöst ist, werden alle anderen Probleme, seien sie wirtschaftlicher oder gesellschaftlicher Natur, all die Dinge, aus denen die Kriege entstehen, aufhören, und die Gesellschaftsstruktur wird eine andere sein.

Unsere Frage ist also: Kann der Geist, kann das Gehirn und das Herz so leben, als gäbe es sie zum ersten Mal unverdorben, frisch, unschuldig, bereit für ein glückliches, ekstatisches Leben voller Liebe? Nun wissen Sie ja, daß rhetorische Fragen stets eine Gefahr in sich bergen. Dies aber ist nun wirklich keine rhetorische Frage – es geht um unser Leben! Wir sorgen uns hier nicht um Worte oder Ideen. Die meisten von uns sind in Worten gefangen; ihnen wird nie völlig klar, daß ein Wort niemals die Sache ist, daß die Beschreibung niemals die beschriebene Sache ist. Wenn wir doch nur in unseren Gesprächen hier dies schwerwiegende Problem zu verstehen suchten, wie sehr unser Geist – natürlich zusammen mit dem Gehirn und dem Herzen – jahrhundertelang durch alle Arten von Propaganda, durch Ängste und andere Einflüsse in Abhängigkeit geraten ist! Dann erst könnten wir die Frage stellen, ob dieser Geist jemals eine radikale Umwandlung erfahren kann, so daß die Menschen in aller Welt friedlich miteinander leben können, in großer Liebe, in großer Begeisterung und in der Vergegenwärtigung dessen, was unermeßlich ist.

Das ist tatsächlich unser Problem: Kann der Geist, belastet mit all seinen Erinnerungen und Traditionen, ohne Anstrengung, Kampf oder Konflikt in sich die Flamme der Veränderung entzünden und all die Schlacken der Vergangenheit wegbrennen? Angesichts dieser Frage – die sich eigentlich jeder nachdenkliche und ernsthafte Mensch stellen müßte – gilt es nun allerdings herauszufinden: Wo beginnen? Sollen wir mit Veränderungen in unserer verwalteten Welt beginnen, in den Strukturen der Gesellschaft, also außerhalb unser selbst? Oder sollen wir im Inneren beginnen, im Psychischen? Sollen wir die Welt um uns betrachten, mit all ihrem technischen Können, mit all den Wunderwerken, die der Mensch auf dem Gebiet der Wissenschaft hervorgebracht hat – sollen wir dort beginnen und eine Revolution zustande bringen? Ja gewiß, der Mensch hat das versucht. Er hat gesagt: Wenn du die äußeren Gegebenheiten radikal veränderst – wie es all die blutigen Revolutionen der Geschichte unternommen haben –, dann wird der Mensch sich ändern und wird ein glückliches Wesen sein. Bei den Kommunisten und anderen Revolutionären hat es immer geheißen: Stellt die äußere Ordnung her, dann wird sich auch im Innern Ordnung einstellen. Es hat sogar geheißen, es käme gar nicht darauf an, ob im Innern Ordnung bestehe, worauf es ankäme, sei, daß in der äußeren Welt Ordnung herrsche – eine erdachte ideale Ordnung, ein Utopia, in dessen Namen Millionen umgebracht worden sind.

Lassen Sie uns daher im Inneren beginnen, im Psychischen. Was nicht besagen soll, daß wir die derzeitige gesellschaftliche Ordnung, mit all ihrer Wirrnis und Unordnung, so belassen, wie sie ist. Existiert denn überhaupt eine Spaltung zwischen dem Inneren und dem Äußeren? Ist es nicht vielmehr eine einzige Bewegung, in der sich das Innere ebenso wie das Äußere befindet, nicht als zwei getrennte Dinge, sondern als Elemente dieser einen Bewegung. Ich halte es für sehr wichtig, wenn wir nicht bloß eine verbale Kommunikation herstellen wollen – in Englisch als unserer gemeinsamen Sprache, in Worten, die wir alle kennen –, daß wir hier auch eine andere Art der Kommunikation verwenden, möchten wir doch den Dingen sehr tief und sehr ernsthaft auf den Grund gehen. Und dazu brauchen wir eine Kommunikation, die erst hinter und jenseits der bloß verbalen Kommunikation zu finden ist. Wir brauchen eine Kommunion, eine lebendige Gemeinschaft, in der wir uns alle gemeinsam engagieren, zusammenwirken und das Problem mit echter Teilnahme angehen, im dringlichen Verlangen, es zu begreifen. Dazu genügt eine bloß verbale Kommunikation nicht, dazu ist eine tiefgreifende Kommunion erforderlich, in der es nicht mehr um Übereinstimmung oder Nicht-Übereinstimmung geht. Solche Fragen wie die nach Übereinstimmung oder Nicht-Übereinstimmung werden sich da überhaupt nicht mehr stellen, befassen wir uns doch nicht mit Ideen, Meinungen, Konzepten oder Idealen – nein, uns geht es um das Problem der

Änderung des Menschen. Und da hat weder Ihre noch meine Meinung irgendeine Bedeutung. Wenn Sie nämlich sagen, es sei unmöglich, den Menschen zu ändern, der doch schon seit Jahrtausenden immer der gleiche geblieben sei, dann haben Sie sich bereits selbst abgeblockt, dann können Sie nicht weiterkommen, dann werden Sie gar nicht erst anfangen zu untersuchen und zu erkunden. Oder wenn Sie andererseits einfach sagen, es sei möglich, dann beweisen Sie damit nur, daß Sie in einer Welt der bloßen Möglichkeiten leben, nicht aber in dieser Welt der Realitäten.

Also müssen wir an diese Frage herangehen, ohne schon vorab zu sagen, es sei möglich, sich zu ändern, oder es sei nicht möglich. Wir müssen mit einem frischen Geist darangehen, begierig, die Antwort zu finden, mit einem jugendlichen Drang, zu hinterfragen und zu erforschen. Dazu brauchen wir nicht nur eine klare verbale Kommunikation, sondern darüber hinaus eine wirkliche Kommunion zwischen dem Vortragenden und Ihnen, ein Gefühl der Freundschaft und Zuneigung, wie es entsteht, wenn sich alle mit wahrer Hingabe für eine gemeinsame Sache engagieren. Wenn Mann und Frau sich wirklich für ihre Kinder engagieren, dann werden sie doch wohl um dieses gemeinsamen Engagements willen ihre jeweiligen vorgefaßten Meinungen, ihre speziellen Vorlieben und Abneigungen einmal beiseite lassen können. In solch einem Engagement lebt eine tiefe Zuneigung, keine vorgefaßte Meinung wird da das Tun beherrschen. In gleicher Weise brauchen wir hier solch ein Gefühl tiefgehender Kommunion zwischen Ihnen und dem Vortragenden, wollen wir doch alle zugleich und mit gleicher Intensität dasselbe Problem ins Auge fassen. Nur aus einer solchen Kommunion wird wirklich tiefgreifendes Verstehen erwachsen.

Da stehen wir nun vor der Frage, wie sich der Geist mit all seinen schwerwiegenden Vorbelastungen radikal ändern kann. Ich hoffe ja nur, daß Sie sich wirklich selbst dieser Frage stellen, denn ehe es keine Moral gibt, die nicht die gesellschaftliche Moral ist, ehe es keine strenge Einfachheit gibt, die nicht die Enthaltsamkeit des Priesters mit dessen Härte und Gewaltsamkeit ist, ehe es keine Ordnung tief im Innern gibt, wird die Suche nach Wahrheit, nach Wirklichkeit, nach Gott – oder wie Sie es auch immer nennen möchten – überhaupt keinen Sinn haben. Womöglich werden diejenigen unter Ihnen, die hierhergekommen waren, um herauszufinden, wie sie

Gott erkennen oder wie sie eine mysteriöse Erfahrung machen können, jetzt enttäuscht sein. Aber ehe Sie keinen erneuerten Geist, keinen frischen Geist, keine Augen haben, die sehen, was wahr ist, werden Sie unmöglich das Unermeßliche, das Namenlose, das, was *ist*, begreifen können.

Wenn Sie lediglich weitere, tiefere Erfahrungen zu machen wünschen, dabei aber ein kümmerliches, bedeutungsloses Leben führen, dann werden Sie Erfahrungen machen, die überhaupt nichts wert sind. Wir müssen hier gemeinsam weiter vordringen – Sie werden nämlich merken, wie komplex diese Frage ist, wie viele Dinge dabei mit eine Rolle spielen. Um die Frage zu verstehen, ist Freiheit und Energie vonnöten. Um neu sehen zu können, brauchen wir dies beides: große Energie und wirkliche Freiheit. Sollten Sie jedoch auf ein bestimmtes Glaubensbekenntnis festgelegt, sollten Sie einer bestimmten Utopie verpflichtet sein, dann sind Sie ganz sicher nicht frei für ein wirkliches Schauen.

Es gibt diesen komplexen Geist, katholisch oder protestantisch geprägt, auf der Suche nach Sicherheit, gebunden durch Ambitionen und Traditionen. Für einen in allem – außer im Bereich der Technologie – seicht gewordenen Geist ist eine Reise zum Mond eine phantastische Errungenschaft. Nur leider führen die Erbauer des Raumschiffs auch nichts anderes als ein kümmerliches, kleinkariertes, eifersüchtiges, sorgenvolles, ehrgeiziges Leben – auch ihr Geist ist abhängig und festgelegt. Wir aber fragen, ob nicht auch solch ein Geist vollständig frei von all diesen Abhängigkeiten und Festlegungen werden kann, so daß eine gänzlich andere Art von Leben möglich würde. Und um das herauszufinden, müssen wir frei beobachten können, nicht als Christen, Hindus, Holländer, Deutsche, Russen oder was weiß ich. Um wirklich klar beobachten zu können, ist Freiheit vonnöten, eine Freiheit, in der die Beobachtung selbst zum Handeln wird, mehr noch, eine radikale Revolution herbeiführt. Um aber einer solchen Beobachtung fähig zu sein, benötigen Sie eine enorme Energie.

Also müssen wir herausfinden, warum die Menschen nicht die nötige Energie haben, nicht den Schwung, nicht die Kraft, sich zu ändern. Sie haben jede Menge Energie, um sich zu streiten, sich umzubringen, die Welt aufzuteilen, zum Mond zu reisen – für all so etwas haben sie genügend Energie. Aber anscheinend haben sie nicht genug Energie, um sich selbst radikal zu verändern. Also haben wir uns zu fragen, warum wir die dazu notwendige Energie nicht aufbringen.

Ich möchte gerne wissen, was Sie auf solch eine Frage antworten würden! Wie wir schon sagten, hat der Mensch ausreichend Energien, um zu hassen, um in den Krieg zu ziehen, um der Realität zu entfliehen – durch Vergnügungen, durch Götter, durchs Trinken. Wenn es ihn nach Lust verlangt, nach sexueller oder irgendeiner anderen, dann weiß er sie sich mit großer Energie zu verschaffen. Er besitzt genügend Intelligenz, sich seine Umwelt zu unterwerfen, er setzt seine Energie ein, um auf dem Grund des Meeres oder im Weltraum zu leben – für solche Dinge bringt er die größten Energien auf. Doch hat er anscheinend nicht die Energie, auch nur die kleinste seiner Verhaltensweisen zu ändern. Weshalb? Nun deshalb, weil wir unsere Energie im Konflikt mit uns selbst verschleudern. Ich versuche hier übrigens nicht, Sie von irgend etwas zu überzeugen, dies ist keine Propagandaveranstaltung, mir geht es nicht darum, alte Ideen durch neue zu ersetzen. Nein, wir nehmen uns vor, wirklich zu entdecken, zu begreifen.

Sehen Sie, es geht uns darum, einzusehen, daß wir uns ändern müssen. Nehmen wir als Beispiel die allgegenwärtige Gewalt und Brutalität. Die Menschen sind brutal und gewaltsam. Sie haben eine gewaltgeladene Gesellschaft errichtet, trotz all dem, was die Religionen seit alters über Nächstenliebe und Gottesliebe gesagt haben. All das sind pure Wunschvorstellungen geblieben, ohne alle praktische Bedeutung, ist doch der Mensch unverändert brutal, gewaltsam und selbstsüchtig. Aber eben weil er gewaltsam ist, mußte er sich das Gegenteil, nämlich die Gewaltlosigkeit ersinnen. Lassen Sie uns dem nachgehen:

Der Mensch versucht ständig, gewaltlos zu werden. Also existiert nun ein Konflikt zwischen dem, was ist, nämlich der Gewalt, und dem, was sein sollte, nämlich der Gewaltlosigkeit. Da ist der Widerstreit. Und das ist der eigentliche Grund für die Vergeudung von Energie. Solange dieser Dualismus existiert zwischen dem, was ist, und dem, was sein sollte – dem Versuch des Menschen, ganz etwas anderes zu werden, seiner Anstrengung, das zu erreichen, »was sein sollte« –, führt der Konflikt zur Vergeudung von Energie. Solange dieser Konflikt zwischen den entgegengesetzten Polen existiert, wird der Mensch nie die ausreichende Energie aufbringen können, sich zu ändern. Aber wozu in aller Welt brauche ich denn diesen entgegengesetzten Pol überhaupt, ich meine die Gewaltlosigkeit, als mein Ideal? Das Ideal ist jedenfalls nicht real, es hat faktisch keine Bedeutung, es führt allenfalls zu allen möglichen Arten von Heuchelei: Gewaltsam bin ich, gebe aber vor, gewaltlos zu sein. Denn wenn Sie sagen, Sie seien eben Idealist und würden es schließlich schon schaffen, friedfertig zu werden, dann wäre das ja wohl nichts weiter als eine heuchlerische Behauptung, eine Ausrede, würde es Sie doch bestimmt viele Jahre kosten, bis Sie der Gewalt wirklich entsagt hätten – wenn es denn überhaupt jemals dahin käme. Und während all der Zeit wären Sie weiter der Heuchelei verpflichtet und in der Gewalt befangen. Nur wenn wir einmal alle Ideale beiseite ließen – nicht nur im Begrifflichen, nein wirklich –, um uns endlich nur noch mit den Tatsachen zu beschäftigen – also mit der Gewalt –, dann erst würde die Vergeudung von Energie aufhören. Nun denken Sie bitte nur nicht, hier handele es sich um eine ausgefallene Theorie des Vortragenden, nein, es ist wirklich eine Frage von ganz außerordentlicher Bedeutung! Solange wir in diesem Spannungsfeld der Gegensätze leben, werden wir unsere Energie vergeuden müssen und uns niemals zu ändern vermögen.

Mit einem Atemzug können Sie alle Ideologien, alle Gegensätze auslöschen! Gehen Sie dem bitte nach, begreifen Sie es. Es ist etwas wirklich ganz Unerhörtes, was hier vor sich geht! Wenn jemand, der ärgerlich ist, vorgibt oder versucht, nicht ärgerlich zu sein, dann steckt er in einem Konflikt. Sagt er aber: »Ich werde beobachten, was Ärger eigentlich ist, werde nicht mehr versuchen, vor ihm zu fliehen oder ihn zu rationalisieren«, dann hat er die Energie, den Ärger zu begreifen und ihm ein Ende zu setzen. Wenn wir nicht weiter als bis zu der bloßen Idee kommen, der Geist müsse eigentlich von allen Abhängigkeiten frei sein, dann bleibt der Dualismus zwischen dem faktisch Gegebenen und dem, was »sein sollte«, bestehen, und die Vergeudung von Energie geht weiter. Wenn Sie hingegen sagen: »Ich werde herausfinden, was denn diese Abhängigkeiten des Geistes eigentlich sind«, dann ist das so, als wenn ein Krebskranker zum Chirurgen geht. Der Chirurg sorgt sich um die Operation und um die Entfernung des Übels. Wenn aber der Patient darüber nachsinnt, was für eine wunderbare Zeit er hinterher erleben wird, oder wenn er vor der Operation Angst hat, dann ist das eine Vergeudung seiner Energien.

Uns beschäftigt hier nur die Tatsache, daß der Geist abhängig ist, nicht aber die Vorstellung, daß der Geist »frei sein sollte«. Wenn der Geist abhängig ist, dann *ist* er ja frei. Also werden wir herauszufinden suchen, durch eine sehr eingehende Untersuchung, was den Geist derart unabhängig macht, welche Einflüsse diese Abhängigkeit hervorgerufen haben und warum wir dies hinnehmen. Zunächst einmal ist deutlich, daß die Tradition eine enorme Rolle in unserem Leben spielt. Unser Gehirn hat sich im Laufe seiner Entwicklung der jeweiligen Tradition angepaßt, um auf diese Weise die existenznotwendige physische Sicherheit zu finden. Niemand kann ja ohne Sicherheit leben. Das allererste und ursprünglichste animalische Verlangen richtet sich auf physische Sicherheit. Wir brauchen eine Behausung, brauchen Nahrung und Kleidung. Aber die Art und Weise, in der wir dieses Sicherheitsverlangen praktisch umsetzen, führt im Inneren und im Äußeren zum Chaos. Denn die Psyche, die ja die eigentliche Struktur des Denkens bildet, verlangt ja gleichfalls nach Sicherheit, in jeder Beziehung. Und da fangen die Schwierigkeiten an! Gewiß, die physische Sicherheit muß gegeben sein, für jedermann, nicht nur für einige wenige. Aber diese physische Sicherheit für jedermann wird eben dann verhindert, wenn wir die psychische Sicherheit durch Nationalismen, durch Religionen, durch Familienbande herzustellen suchen. Ich hoffe, daß Sie mich verstehen und daß die Kommunikation zwischen uns nicht unterbrochen ist.

Es ist also tatsächlich unvermeidlich, um der physischen Sicherheit willen Abhängigkeiten einzugehen, doch wenn eine psychische Sicherheit gesucht und gefordert wird, dann werden die Abhängigkeiten übermächtig. So geht es, psychologisch gesehen, in all unseren Beziehungen, sei es mit Ideen, Menschen oder Dingen: Wir möchten Sicherheit erlangen. Aber gibt es hier überhaupt Sicherheit, in welcher Art von Beziehung auch immer? Zweifellos nicht! Psychische Sicherheit zu wollen bedeutet, der äußeren Sicherheit abzusagen. Wenn ich psychisch abgesichert sein möchte, etwa als Hindu, mit all den Traditionen, all dem Aberglauben, all den Ideen, dann identifiziere ich mich halt mit der Großgruppe und beziehe daraus meine Geborgenheit. Oder ich verehre die Fahne, die Nation, den Stamm und trenne mich so von der übrigen Welt. Nur daß eine solche Abspaltung mir unweigerlich die physische Unsicherheit einbringt. Wenn ich die Nation, die Gebräuche, die religiösen Dogmen, den Aberglauben verehre, dann grenze ich mich aufgrund dieser Kategorien von den anderen ab und muß unweigerlich die physische Sicherheit jedem verwehren, der nicht dazugehört. Der Geist benötigt physische Sicherheit, die er aber in dem Augenblick verliert, in dem er eine psychische Sicherheit zu erlangen sucht. Das ist eine Tatsache, nicht eine bloße Meinung – es ist so! Sobald ich Sicherheit in meiner Familie, bei meiner Frau, meinen Kindern, in meiner Wohnung suche, stehe ich unvermeidlich gegen die übrige Welt, muß ich mich von anderen Familien abgrenzen, muß gegen den Rest der Welt stehen.

Deutlich ist, wie diese Abhängigkeiten begonnen haben, wie die christliche Welt es in zweitausendjähriger Propaganda geschafft hat, daß ihrer Kultur gehuldigt wird, und wie im Osten das gleiche vor sich gegangen ist. So hat denn der Geist begonnen, sich durch Propaganda, durch Traditionen, durch das Verlangen nach Sicherheit selbst in Abhängigkeit zu bringen. Kann es denn da noch irgendeine Art von psychischer Sicherheit geben, in einer Beziehung zu Ideen, zu Menschen und zu Dingen?

Wenn mit »Beziehung« gemeint ist, daß wir mit etwas in unmittelbarem Kontakt stehen, dann sind wir folglich beziehungslos, wenn wir nicht in solch einem Kontakt stehen. Wenn ich eine Vorstellung, ein Bild von meiner Frau habe, dann stehe ich mit ihr nicht in Beziehung. Auch nicht, wenn ich mit ihr schlafe. Das Bild, das ich mir von ihr gemacht habe, hindert mich daran, in unmittelbaren Kontakt zu ihr zu treten. Ebenso wie sie durch ihr Bild von mir an einer unmittelbaren Beziehung zu mir gehindert ist. Gibt es überhaupt irgendeine psychische Gewißheit oder Sicherheit, wie sie der Geist unablässig sucht? Wenn Sie eine Beziehung wirklich eingehend betrachten, werden Sie erkennen, daß es da keine Gewißheit gibt. Was geschieht denn, wenn Mann und Frau oder Junge und Mädchen eine feste Beziehung eingehen möchten? Kaum daß die Frau oder der Mann jemand anders auch nur anschaut, kommen Ängste auf, Eifersucht, Zweifel, Wut und Haß; es gibt keine dauerhafte Beziehung. Trotzdem will der Geist nicht aufhören, nach Zugehörigkeit zu verlangen.

So kommt also die Abhängigkeit zustande, durch Propaganda, durch Zeitungen und Zeitschriften, von den Kanzeln herab. Und uns wird erschreckend deutlich, wie notwendig es ist, sich auf keine äußeren Einflüsse zu verlassen. Dann werden Sie herausfinden, was es heißt, unbeeinflußt zu sein. – Bitte gehen Sie mit. – Wenn Sie die Zeitung lesen, werden Sie beeinflußt, bewußt oder unbewußt. Wenn Sie einen Roman oder sonst ein Buch lesen, werden Sie beeinflußt. Sie stehen unter dem Druck, der Nötigung, das Gelesene in eine Kategorie einzuordnen. Das genau ist die Absicht aller Propaganda. Das fängt mit der Schule an und zieht sich durch das ganze Leben hindurch: daß Sie wiederholen, was andere gesagt haben! Daher sind Sie Menschen aus zweiter Hand. Wie aber kann solch ein Mensch aus zweiter Hand je etwas Ursprüngliches, Wahres entdecken? Es ist sehr wichtig zu begreifen, was das ist, abhängig zu sein und darauf sehr gründlich einzugehen. Denn sobald Sie dies genau betrachten, haben Sie die Energie, all diese Abhängigkeiten zu brechen, die den Geist festhalten.

Vielleicht möchten Sie jetzt Fragen stellen, um diesen Dingen weiter nachzugehen. Seien Sie sich dabei im klaren, daß es sehr einfach ist, Fragen zu stellen, daß es aber eins der schwierigsten Dinge ist, die richtige Frage zu stellen. Womit nicht gesagt sein soll, daß ich Sie vom Fragen abhalten möchte. Wir müssen fragen, wir müssen alles, was irgendwer je gesagt hat, in Zweifel ziehen, Bücher, Religionen, Autoritäten, alles und jedes! Wir müssen in Frage stellen, in Zweifel ziehen, skeptisch sein. Aber wir müssen auch ein Gespür dafür entwickeln, wann wir die Skepsis einmal beiseite lassen und die richtige Frage stellen müssen, weil nämlich in solch einer Frage schon die Antwort bereitliegt. Möchten Sie also jetzt Fragen stellen, dann tun Sie es bitte.

[F]: Herr Krishnamurti, sind Sie verrückt?

[K]: Sie fragen also den Vortragenden, ob er verrückt geworden ist? Nun gut. Ich möchte nur wissen, was Sie mit »verrückt« meinen: Meinen Sie verwirrt, geistig krank, mit absonderlichen Ideen behaftet, neurotisch? All das kann »verrückt« ja bedeuten. Vor allem aber: Wer ist hier der Richter? Sie oder ich oder sonst irgend jemand? Ernsthaft: Wer ist der Richter? Soll etwa der Verrückte darüber richten, wer verrückt ist und wer nicht? Und wenn Sie darüber richten, ob der Vortragende verwirrt ist oder nicht, wäre solch ein

Urteil nicht nur Teil der überwältigenden Verworrenheit dieser Welt? Was ist denn das, über jemanden zu richten, von dem ich überhaupt nichts kenne als seinen Ruf, als das Bild, das ich von ihm habe?! Wenn Sie aufgrund des Rufes und der Propaganda richten, weil Sie das für bare Münze genommen haben, dann halten Sie sich wohl für einen qualifizierten Richter! Richten braucht Eitelkeit. Ob nun der Richter neurotisch ist oder gesund, Eitelkeit ist immer im Spiel. Kann aber Eitelkeit erkennen, was wahr ist? Brauchen Sie nicht vielmehr eine tiefe Demut, um zu schauen, zu verstehen, zu lieben? Mein Herr, eines der schwierigsten Dinge ist, in dieser abnormen, geisteskranken Welt geistig gesund zu bleiben. Dazu ist es notwendig, keinerlei Illusionen zu haben, keinerlei Bild, weder von sich selbst noch von irgend jemand anderem. Sie sagen: »Ich bin dies, ich bin jenes, ich bin ganz groß, ich bin ganz unbedeutend, ich bin gut, ich bin edel«, das sind doch alles nur Bilder, die wir uns von uns selbst machen. Wenn man aber ein Bild von sich selbst hat, dann ist man ganz bestimmt krank, dann lebt man in einer Welt der Illusionen. Und ich fürchte, da leben die meisten von uns. Wenn Sie sich selbst als Holländer bezeichnen – entschuldigen Sie, daß ich das hier einmal so sage –, dann sind Sie bestimmt nicht ganz in Ordnung: Sie setzen sich doch damit ab, Sie isolieren sich – wie andere, die sich Hindus nennen. All diese nationalistischen, religiösen Abspaltungen, mit ihren jeweiligen Armeen, mit ihren Priestern, sind Anzeichen einer geistigen Erkrankung.

[F]: Können wir verstehen, was Gewalt ist, ohne ihr Gegenteil immer schon mitzudenken?

[K]: Wenn der Geist sich mit der Gewalt einrichten möchte, dann lädt er damit unweigerlich das Ideal der Gewaltlosigkeit zu sich ein. Schauen Sie, die Sache ist ganz einfach: Ich möchte bei der Gewalt bleiben, die ich ja selbst bin, ich bin wie alle Menschen – brutal. Zugleich aber trage ich eine zehntausend Jahre alte Tradition mit mir herum, die mir sagt: »An Gewaltlosigkeit sollte dir gelegen sein!« Tatsache ist also, daß ich gewaltsam bin, und daß mein Denken mir sagt: »Hör doch: gewaltlos mußt du sein!« So bin ich geworden. Wie kann ich davon frei werden, wie kann ich wieder klar sehen, wie kann ich meine Gewaltsamkeit erkennen und nicht leugnen, durch sie hindurchgehen und damit Schluß machen? Und das nicht nur an der Oberfläche, sondern wirklich tief im Innern auf der

Ebene des sogenannten Unbewußten. Wie kann es gelingen, daß der Geist nicht in einem bloßen Ideal befangen bleibt? Ist das Ihre Frage?

Bitte hören Sie. Wir sprechen hier nicht von Martin Luther King oder Gandhi, nicht über Meyer und Schulze. All diese Leute kümmern uns hier überhaupt nicht – lassen wir ihnen ihre Ideale, ihre Vorstellungen, ihre politischen Ziele – das braucht uns hier nicht zu beschäftigen. Uns geht es doch darum, was *wir* sind, Sie und ich, wir Menschen, so wie wir nun einmal sind. Da wir Menschen sind, sind wir gewaltsam, von unserer Tradition, unserer Kultur so geprägt, daß wir uns bei Bedarf unseren Gegenspieler erschaffen. Wenn es uns gerade in den Kram paßt, setzen wir den Gegenspieler ein, wenn nicht, dann nicht. Wir setzen ihn politisch und geistig auf alle mögliche Weise ein. Nur daß eben, kaum daß der Geist sich auf seine Gewaltbereitschaft einlassen und sie endlich einmal verstehen möchte, gleich wieder Tradition und Gewohnheit auf dem Plan sind und Einspruch erheben: »Du sollst doch dem Ideal der Gewaltlosigkeit folgen!« So ist da nun auf der einen Seite das faktisch Gegebene und auf der anderen Seite die Tradition. Wie kann sich der Geist je von der Tradition freimachen, um seine ganze Aufmerksamkeit der Gewaltbereitschaft zu widmen? Das ist doch die eigentliche Frage. Sind Sie mitgekommen? Da ist die Tatsache, daß ich gewaltsam bin, und dort die Tradition, die mir sagt, das dürfte ich nicht sein. Darum möchte ich jetzt genau achtgeben, allerdings nicht auf die Gewalt, sondern ausschließlich auf die Tradition. Und wenn die gleich wieder Einspruch gegen meinen Wunsch erhebt, auf die Gewalt achtzugeben, dann will ich mich fragen, warum sie das denn tut. Warum mischt sie sich denn bloß ständig ein? Also geht es mir nicht darum, die Gewalt zu begreifen, sondern vielmehr darum, die Einmischung der Tradition zu begreifen. Ist Ihnen das klar? Ich gebe *darauf* acht, und schon wird die Einmischung aufhören! Ich werde herausfinden, wieso die Tradition, die Gewohnheit, eine derart wichtige Rolle in meinem Leben spielen kann. Ob es nun die Gewohnheit ist zu rauchen, zu trinken, sich sexuell zu betätigen oder Reden halten zu müssen: Warum leben wir in all diesen Gewohnheiten? Sind Sie sich ihrer bewußt? Sind wir uns unserer Traditionen bewußt? Wenn Sie sich ihrer nämlich nicht völlig bewußt sind, wenn Sie das Gewicht der Tradition, der Gewohnheiten, der Routine nicht wirklich begreifen, dann wird das alles nicht ablassen, dem in die Quere zu kommen, sich in das einzumischen, was Sie beobachten möchten. In seinen Gewohnheiten dahinzuleben, ist ganz leicht, aber da auszubrechen, zieht unwahrscheinlich viel nach sich – vielleicht werde ich meinen Job verlieren. Wenn ich auszubrechen versuche, bekomme ich Angst, hatte doch mein gewohnheitsmäßiges Leben mir Sicherheit gegeben, zumal ja alle anderen genauso leben. In einer holländischen Umwelt plötzlich aufzustehen und zu sagen: »Ich bin kein Holländer«, würde einen Schock hervorrufen. Daher ist dies alles angstbesetzt. Stellen Sie sich vor, Sie würden auf einmal sagen: »Ich bin gegen die ganze bestehende Ordnung, die eigentlich Unordnung ist« – man würde Sie hinauswerfen! Also haben Sie Angst und nehmen die Dinge hin, wie sie sind. Tradition spielt wirklich eine außerordentlich wichtige Rolle im Leben! Haben Sie je versucht, etwas zu essen, an das Sie nicht gewöhnt sind? Probieren Sie es einmal, dann werden Sie merken, wie Ihr Magen und Ihre Zunge dagegen rebellieren. Und wenn Sie gewohnt sind zu rauchen, dann werden Sie weiter rauchen, und es würde Sie jahrelange Kämpfe kosten, mit dieser Gewohnheit zu brechen.

So findet also der Geist in seinen Gewohnheiten Sicherheit. »Meine Familie, meine Kinder, meine Wohnung, meine Einrichtung«, heißt es. Nur, wenn Sie sagen: »Meine Einrichtung«, dann *sind Sie* diese Einrichtung! Lachen Sie ruhig. Aber wenn diese Ihre Einrichtung, an der Sie hängen, Ihnen genommen würde, dann wären Sie empört. Sie selbst sind nämlich diese Einrichtung, diese Wohnung, dieses Guthaben, diese Fahne. Und so zu leben heißt, ein oberflächliches, stumpfsinniges Leben zu führen, nur in Routine und Langeweile zu leben. Und wenn Sie in Routine und Langeweile leben, benötigen Sie Stärke.

Amsterdam, 3. Mai 1969

5. Warum können wir nicht in Frieden leben?

Angst, und wie sie entsteht.
Zeit und Denken.
Aufmerksamkeit: wach bleiben.

Es ist doch merkwürdig, daß wir keine Lebensweise finden können, die nicht von Konflikten, Elend und Verwirrung, sondern durch eine Fülle von Liebe und Rücksichtnahme bestimmt ist. Wir lesen Bücher von klugen Leuten, die uns erzählen, wie die Gesellschaft wirtschaftlich, sozial und moralisch organisiert werden müßte. Dann greifen wir nach den Büchern von Theologen und anderen religiösen Autoren mit ihren spekulativen Ideen. Offenbar ist es für die meisten von uns äußerst schwierig, eine Lebensweise zu entdekken, die lebensvoll, friedlich, voller Energie und Klarheit ist, ohne von anderen abhängig zu sein. Wir gelten als erwachsene und kultivierte Leute. Die älteren unter uns sind durch zwei entsetzliche Kriege, durch Revolutionen, Umwälzungen und jede Art von Unglück gegangen. Hier sitzen wir nun, an diesem prächtigen Morgen, reden über all solche Dinge und erwarten womöglich, daß uns gesagt wird, was wir zu tun haben, daß uns praktikable Verhaltensregeln aufgezeigt werden, daß uns jemand an der Hand nimmt, der uns die Schönheit des Lebens erschließen kann, jenes Großartige, das jenseits der alltäglichen Routine liegt.
Ich möchte wissen – und vielleicht geht es Ihnen ja genau so –, warum wir eigentlich immer noch auf andere hören. Woran liegt es denn nur, daß wir nicht selber, in unserem eigenen Geist und Herzen, die nötige, durch nichts und niemand getrübte Klarheit finden können? Warum meinen wir, uns mit Buchweisheiten beladen zu müssen? Können wir denn tatsächlich nicht in Gelassenheit leben, voller Daseinsfreude, in ekstatischer Begeisterung und wirklich in Frieden?! Und auch wenn einem dieser unser Zustand total verrückt vorkommen mag, er ist so. Haben Sie sich je gefragt, ob Sie denn nicht ebensogut ein Leben ganz ohne Leistungsdruck und Krampf führen könnten? Statt dessen sind wir unablässig dabei, dies

zu ändern, jenes umzugestalten, das eine zu verdrängen, das andere hinzunehmen, uns anzupassen, irgendwelchen Verhaltensmustern und -regeln nachzueifern.

Und ich möchte gerne wissen, ob wir uns je gefragt haben, wieso es denn nicht möglich sein sollte, ohne Konflikte zu leben – nicht in intellektueller Isolation oder in emotionaler, sentimentaler Verschwommenheit, sondern ganz ohne jede Anstrengung. Denn alles Streben, wieviel Vergnügen (oder Mißvergnügen), Befriedigung oder Gewinn es auch bringt, wird unweigerlich den Geist verzerren und entstellen. Es ist wie bei einer Maschine, die, anstatt ruhig zu laufen, ständig Reibungsverluste erleidet und sich so viel zu schnell abnutzt. Daher die Frage – und ich meine, sie sollte gestellt werden –, ob es denn nicht möglich ist, ohne Anstrengung zu leben, ohne allerdings dabei träge, isoliert, gleichgültig, gefühlsarm zu werden, ohne ein träger Mensch zu werden. Unser ganzes Leben, von der Geburt bis zum Tode, ist ja ein unaufhörlicher Kampf um Anpassung, ums Aufsteigen, darum, endlich zu etwas zu kommen. Und dieser Kampf und die ihn begleitenden Konflikte führen uns in Verwirrung, machen unseren Geist stumpf und unsere Herzen gefühllos.

Ist es also möglich – nicht als bloße Wunschvorstellung, nicht als etwas von vornherein Hoffnungsloses, unserem Zugriff Unerreichbares –, ein Leben ohne Konflikte zu entdecken, und das nicht nur an der Oberfläche, nein, bis tief hinunter ins sogenannte Unbewußte, bis in die Tiefen unseres Seins? Vielleicht können wir ja heute morgen dieser Frage einmal auf den Grund kommen.

Vor allem müssen wir uns fragen, warum wir uns eigentlich Konflikte anschaffen – die unerfreulichen und solche, die uns sogar noch Freude machen –, und ob es denn nicht möglich ist, dem ein Ende zu setzen. Können wir dem nicht endlich ein Ende setzen und ein völlig anderes Leben zu führen beginnen, mit einer Fülle von Energie und Klarheit, mit reichen intellektuellen Fähigkeiten, mit Vernunft und mit einem Herzen, das von Liebe nur so überfließt? Ich meine, wir sollten Verstand und Herz jetzt völlig dieser Frage widmen, ihr mit aller Kraft nachgehen.

Konflikte entstehen augenscheinlich aus den Widersprüchen in uns selbst, die nach außen hin in der Gesellschaft zum Ausdruck kommen, in den Auswirkungen des »Ich« und des »Nicht-Ich«: des

»Ich« mit all seinem Ehrgeiz, seinen Trieben, seiner Unrast, seinen Gelüsten, seinen Sorgen, seinem Haß, seinen Rivalitäten und Ängsten und des »anderen«, des »Nicht-Ich«. Zugleich ist aber auch die Vorstellung eines Lebens ohne Konflikte lebendig, ohne widerstreitende Wünsche, Absichten und Triebe. Wenn wir das Vorhandensein dieser Spannung erkannt haben, dann können wir sie auch in uns selber entdecken, dieses Tauziehen der einander widerstrebenden Forderungen, der sich widersprechenden Überzeugungen, Vorstellungen und Absichten.

Dieser Dualismus, diese widerstreitenden Wünsche mit den dadurch verursachten Ängsten und Widersprüchen, das ist es, was die Konflikte hervorruft. Das sollte hinreichend deutlich sein, können wir es doch jederzeit in uns selber beobachten. Nicht nur in unserem Alltag geht es wieder und wieder nach diesem Muster, auch im sogenannten religiösen Leben mit Himmel und Hölle, Gut und Böse, Tugend und Sünde, Liebe und Haß und so weiter. Wenn ich Ihnen einen Vorschlag machen darf, dann lauschen Sie bitte nicht einfach meinen Worten, beobachten Sie sich vielmehr selber, so unbefangen wie möglich. Dabei mag Ihnen der Vortragende als Spiegel dienen, in dem Sie sich so sehen, wie Sie sind, und sich der Arbeitsweise Ihres Geistes und Herzens bewußt werden, während Sie in diesen Spiegel schauen. Da ist zu erkennen, wie jede Art von Spaltung, Trennung und Widerspruch, innerhalb oder außerhalb unserer selbst, unvermeidlich den Konflikt zwischen Gewalt und Gewaltlosigkeit herbeiführt. Wenn wir uns aber diese faktischen Gegebenheiten vergegenwärtigen, ergibt sich dann nicht die Möglichkeit, dem ein Ende zu setzen, nicht nur an der Oberfläche unseres Bewußtseins, nicht nur in unserem täglichen Leben, sondern auch tief drunten an den Wurzeln unseres Wesens, so daß es keinen Widerspruch mehr gibt, keine einander entgegengesetzten Forderungen und Wünsche, keine Aktivität des dualistisch gespaltenen Geistes? Wie kann dies erreicht werden? Da versuchen wir etwa eine Brücke zwischen dem »Ich« und dem »Nicht-Ich« zu bauen – dem »Ich« mit all seinem Ehrgeiz, seinen Trieben, seinen Widersprüchen und dem »Nicht-Ich« der Ideale, der Rezepte, der Vorstellungen. Wir versuchen ständig, Brücken zu bauen zwischen »dem, was ist« und »dem, was sein sollte«. Aber der Widerspruch und die Konflikte bleiben dabei weiter bestehen – und unsere Energien sind vergeudet. Kann der

Geist aufhören, zu trennen und statt dessen bei dem bleiben, was *ist*? Denn im Begreifen dessen, was ist, wie sollte darin noch irgendein Konflikt Raum haben?

Ich möchte dieser Frage im Hinblick auf die Freiheit und im Hinblick auf die Angst nachgehen. Die meisten unter uns wünschen sich Freiheit, gerade auch wenn all unser Tun selbstbezogen ist und wir unsere Tage mit Sorgen um uns selber, unsere Fehlschläge und unsere Erfolge zubringen. Wir möchten frei sein, nicht nur politisch – was außer in Diktaturen verhältnismäßig leicht zu erreichen ist –, sondern frei auch von aller religiösen Propaganda. Alle Religionen, seien sie altüberkommen oder modern, sind das Werk von Propagandisten und deswegen überhaupt keine Religionen. Je ernster ich die Dinge nehme, je mehr es mir wirklich um mein gesamtes Leben geht, desto entschiedener werde ich nach Freiheit verlangen und alles in Frage stellen, ohne etwas hinzunehmen oder zu glauben. Ich möchte frei sein, um herausfinden zu können, ob es so etwas wie Wirklichkeit gibt, ob es etwas Ewiges, Zeitloses gibt oder nicht. In jeder Beziehung gibt es solch ein drängendes Verlangen nach Freiheit, nur daß diese Freiheit in der Regel zu einem Prozeß der Selbstisolation verkommt und so keine wahre Freiheit mehr ist.

Nun steckt aber in jedem Wunsch nach Freiheit zugleich Angst, denn Freiheit könnte völlige, absolute Unsicherheit mit sich bringen, und jedermann fürchtet sich davor, ganz und gar unsicher zu sein. Unsicherheit erscheint uns als etwas sehr Gefährliches. Jedes Kind verlangt in seinen Beziehungen nach Sicherheit. Und wenn wir älter werden, bleibt unser Verlangen nach Sicherheit und Zuverlässigkeit bestehen, in all unseren Beziehungen, mit Dingen, mit Menschen, mit unseren Vorstellungen. Aber dieses Verlangen nach Sicherheit erzeugt unweigerlich Ängste, und in unserer Angst werden wir immer stärker von den Dingen abhängig, denen wir verhaftet sind. So erhebt sich zugleich mit der Frage nach der Freiheit die nach den Ängsten. Und folglich die Frage, ob und wie es denn möglich ist, von Ängsten frei zu sein: nicht nur im Physischen, sondern auch im Psychischen; nicht nur an der Oberfläche, sondern bis tief hinunter in die dunklen Bereiche unseres Geistes, bis in die geheimsten Schlupfwinkel, in die noch niemand eingedrungen war. Kann der Geist ganz und gar, vollständig von allen Ängsten frei sein? Die Ängste sind es doch, an denen die Liebe zugrunde geht – und das ist keine bloße Theorie –, die Ängste sind es, die Sorgen, Abhängigkeiten, Besitzansprüche, Herrschaftsgelüste, Eifersucht in alle Beziehungen hineintragen, die Ängste sind es, die Gewalt hervorrufen. In unseren überfüllten Städten mit ihrem explodierenden Bevölkerungswachstum herrscht – wie ein jeder feststellen kann – Unsicherheit, Ungewißheit, Angst. Und daraus erwächst die Gewalt. Können wir von aller Angst frei sein, so daß Sie beim Verlassen dieses Saales keinen Schatten der Ängste mehr mit sich tragen müßten, die unser Leben verfinstern?

Um zu verstehen, was Angst ist, müssen wir nicht nur die physischen Ängste untersuchen, sondern auch das umfassende Geflecht der psychischen Ängste. Lassen Sie uns hier weiter eindringen. Die Frage lautet: Wie entsteht Angst, was hält sie am Leben, was verleiht ihr Dauer, und: ist es möglich, ihr ein Ende zu setzen? Physische Ängste sind einigermaßen leicht zu begreifen: Auf körperliche Gefahr erfolgt eine spontane Reaktion, und diese Reaktion ist das Resultat einer unzählige Jahrhunderte andauernden Konditionierung, ohne die kein physisches Überleben möglich gewesen wäre, das Leben hätte aufgehört. Man muß physisch überleben, und so lehrt die jahrtausendealte Tradition, vorsichtig zu sein, und das Gedächtnis sagt: »Sei vorsichtig, hier ist es gefährlich, reagiere sofort.« Aber ist die physische Reaktion auf Gefahr Angst?

Bitte folgen Sie all diesem sehr sorgfältig! Wir treffen hier nämlich auf einen ganz einfachen und doch äußerst komplexen Sachverhalt, und wenn Sie dem nicht Ihre gesammelte Aufmerksamkeit widmen, werden Sie ihn nicht begreifen. Wir stehen vor der Frage, ob jene physische, sensorische Reaktion auf eine Gefahr, die eine unmittelbare Aktion mit einschließt, bereits Angst ist. Handelt es sich nicht vielmehr um Intelligenz, also überhaupt nicht um Angst? Und ist Intelligenz eine Angelegenheit angewandter Tradition und Erfahrung? Wenn sie das ist, warum wird sie dann nicht auf allen Ebenen wirksam, also auch im psychischen Bereich, in dem uns doch so viele Dinge derart schreckliche Furcht einjagen? Wieso wird diese unsere Intelligenz, die uns bei physischen Gefahren zu Hilfe kommt, nicht beim Auftreten psychischer Ängste wirksam? Ist diese physische Intelligenz womöglich auf die menschliche Psyche gar nicht anwendbar? Wie wir wohl wissen, gibt es unterschiedliche Arten von Ängsten: Angst vor dem Tod, vor der Dunkelheit, davor, was der Mann oder die Frau sagt oder tut, oder was die Nachbarn oder der Chef denken könnten – eben dies ganze Geflecht von Ängsten. Nun werden wir uns hier nicht im Detail mit den verschiedenen Formen der Angst beschäftigen, geht es uns doch um die Angst an sich, nicht um irgendwelche speziellen Ängste. Und wenn uns Angst überkommt und wir uns dessen bewußt werden, dann setzt sofort eine Fluchtbewegung ein, sei es, daß wir die Angst verdrängen, daß wir vor ihr wegtauchen, daß wir ihr durch alle möglichen Ablenkungen – auch solche religiöser Art – ausweichen oder daß wir uns Mut machen, ihr standzuhalten. Flucht, Ablenkung und Mut sind tatsächlich nichts als unterschiedliche Versuche, der uns bedrängenden Angst Widerstand zu leisten.

Je größer die Angst ist, desto größeren Widerstand wird sie hervorrufen, bis hin zu allen möglichen neurotischen Unternehmungen. Die Angst ist da, doch der Geist oder das »Ich« erklärt: »Da hat keine Angst zu sein!«, und damit entsteht der Zwiespalt: Auf der einen Seite das »Ich«, das sich von der Angst unterscheiden möchte, das vor ihr flieht oder ihr Widerstand leistet, das Energie an sich zieht, Theorien entwickelt oder zum Psychoanalytiker geht; und auf der anderen Seite das »Nicht-Ich«, nämlich die Angst. So haben wir hier also den direkten Konflikt zwischen der Angst und dem »Ich«, das diese Angst zu überwinden bemüht ist. Wir haben den Wächter und das, worüber er wacht. Es ist die Angst, die beobachtet wird. Der Wächter, nämlich das »Ich«, möchte sich dieser Angst entledigen. Es besteht also ein Gegensatz, ein Widerspruch, eine Trennung, und folglich ein Konflikt zwischen der Angst und dem »Ich«, das diese Angst loswerden möchte. Verstehen wir einander noch?

Das Problem besteht in diesem Konflikt zwischen dem »Nicht-Ich«, der Angst, und dem »Ich«, das sich für davon verschieden hält, der Angst Widerstand entgegensetzt und sie zu überwinden, ihr zu entkommen, sie zu verdrängen, zu kontrollieren versucht. Diese Spaltung muß unweigerlich zum Konflikt führen, so wie zwischen zwei Nationen mit ihren Armeen, ihren Flotten und ihren separaten souveränen Regierungen.

Da ist also der Wächter und das, worüber er wacht. Der Wächter sagt: »Ich muß mir dies schreckliche Ding vom Halse schaffen, ich muß es aus dem Weg räumen!« Der Wächter, der ständig im Kampf liegt, in unaufhörlichen Konflikten steckt. Das ist uns bereits zur

Gewohnheit geworden, es ist Teil unserer Tradition, unserer Prägung. Und es gibt ja wohl kaum etwas Schwierigeres, als mit einer
Gewohnheit zu brechen, lieben wir doch unsere Gewohnheiten,
das Rauchen, das Trinken, unsere sexuellen und psychischen Ver-
haltensweisen. Nicht anders steht es mit Nationen und souveränen
Regierungen, die erklären: »Mein Land und dein Land«, »mein
Gott und dein Gott«, »mein Glaube und dein Glaube«. Unsere
Tradition besteht darin, die Ängste zu bekämpfen, ihnen Wider-
stand zu leisten, und damit die Konflikte zu verschärfen und den
Ängsten neue Nahrung zu geben.

Wenn das klar geworden ist, können wir den nächsten Schritt tun
und uns fragen: Besteht in diesem besonderen Fall wirklich ein
Unterschied zwischen dem Wächter und dem, worüber er wacht?
Der Wächter denkt, er sei etwas anderes als das, worüber er wacht,
also die Angst. Aber besteht dieser Unterschied tatsächlich, oder
sind beide nicht vielmehr ein und dasselbe? Natürlich sind beide
dasselbe! Der Wächter ist das, worüber er wacht – denn wenn
etwas vollkommen Neues eintritt, dann ist ja kein Wächter da.
Weil aber der Wächter seine Reaktion als Angst erlebt, wie er sie
schon mehrfach kennengelernt hat, entsteht diese Spaltung. Wenn
Sie dem sehr, sehr tiefgründig nachgehen, dann werden Sie selber
entdecken – wie es Ihnen hoffentlich jetzt widerfährt –, daß der
Wächter und das, worüber er wacht, tatsächlich ein und dasselbe
sind. Haben Sie dies aber einmal entdeckt, dann haben Sie zugleich den Widerspruch vollständig beseitigt, dieses »Ich« und
dieses »Nicht-Ich«, und damit jede Art von Leistungsdruck. Was
allerdings nicht bedeutet, daß Sie die Angst hinnehmen oder sich
mit ihr identifizieren.

Da ist also die Angst, der Gegenstand der Überwachung, und da
ist der Wächter, der selber Teil dieser Angst ist. Was ist da zu tun?
(Sind Sie hier mit der gleichen Intensität bei der Sache, wie sie der
Vortragende aufbringt? Wenn Sie nämlich nur dem Klang der
Worte lauschen, dann werden Sie dieses Problem der Angst bestimmt nicht tiefgreifend zu lösen vermögen.) Das, was ist, ist
allein die Angst. Nicht der Wächter, der über die Angst wacht. Der
Wächter *ist* ja die Angst. Davon ausgehend, können wir uns den
nun anstehenden Fragen zuwenden. Zunächst: Was ist Angst, und
wie entsteht sie? Wir meinen hier nicht die Folgen der Angst oder

die Ursache der Angst, auch nicht, wie sie unser Leben mit ihrem Elend und ihrer Häßlichkeit verdüstert. Nein, wir fragen uns, was Angst ist und wie sie entsteht. Müssen wir sie dazu unablässig analysieren, um hinter die zahllosen Ursachen der Angst zu kommen? Nur daß Sie, wenn Sie zu analysieren beginnen, ganz ungewöhnlich frei von allen Vorurteilen und Festlegungen sein müssen. Sie müssen eigentlich nur schauen, nur beobachten. Denn wenn Ihre Urteilskraft irgendeiner Verzerrung unterliegt, dann wird diese Verzerrung im Verlaufe Ihrer Analyse immer noch stärker werden.

So ist also die auf das Aufhören der Angst gerichtete Analyse nicht schon deren Beendigung. Vielleicht sind ja hier ein paar Analytiker unter uns! Sehen Sie, wenn wir die Ursachen der Angst entdecken und auf diese Entdeckung hin reagieren, dann wird die Ursache zur Wirkung, und die Wirkung wird zur Ursache. Die Wirkung und die auf diese Wirkung folgende Reaktion, nämlich das Suchen nach der Ursache, dann die Entdeckung der Ursache und die dieser Ursache angepaßte Aktion – das wird der nächste Schritt. Es wird beides, Wirkung und Ursache, in endloser Kette. Und wenn wir nun die Ursachenforschung und die Analyse der Angst einmal ganz beiseite ließen, was wäre dann zu tun?

Verstehen Sie mich recht: Hier geht es nicht um Unterhaltung. Es geht allerdings um die große Freude, die im Entdecken liegt, es geht um das große Vergnügen, all dies zu begreifen. Was also läßt Angst entstehen? Die Zeit und das Denken lassen Angst entstehen, die Zeit als das Gestern, das Heute und das Morgen; die Angst, morgen könnte etwas passieren: der Verlust meines Arbeitsplatzes, der Tod, daß mir meine Frau oder mein Mann wegläuft, daß die Krankheit und die Schmerzen, die ich einmal hatte, wiederkehren könnten. So kommt die Zeit ins Spiel. Zeit insofern, als ich etwa daran denke, was mein Nachbar morgen über mich erzählen mag; die Zeit, die bisher verborgen gehalten hat, was ich vor langen Jahren einmal getan habe. Oder ich gräme mich über ein paar tiefgeheime Wünsche, die vielleicht nicht in Erfüllung gehen. So hat also die Zeit mit Angst zu tun, Angst vor dem Tod, der mein Leben beenden wird und der womöglich schon an der nächsten Ecke auf mich wartet, und ich fürchte mich. Zeit hat mit Angst und mit Denken zu tun. Es würde keine Zeit geben, wenn es kein Denken gäbe. Das Nachdenken über das gestern Geschehene, die Sorge, es könnte morgen wieder geschehen – das ist's, was die Zeit auf den Plan ruft – und damit die Angst.

Achten Sie jetzt bitte selbst darauf, nehmen Sie nichts einfach hin, weisen Sie nichts einfach zurück. Hören Sie zu und finden Sie selbst heraus, wo hier die Wahrheit liegt. Auf die Worte kommt es nicht an, auch nicht auf Ihre Zustimmung oder Ablehnung. Sie müssen weitergehen. Um die Wahrheit zu finden, müssen Sie stark empfinden, eine Leidenschaft und große Energie aufbringen. Dann werden Sie herausfinden, daß Denken Angst erzeugt. Das Nachdenken über die Vergangenheit oder über die Zukunft – sei es die nächste Minute oder der kommende Tag oder zehn Jahre weiter – macht erst ein Ereignis daraus. Und das Nachdenken über ein Ereignis, das mir gestern Lust bereitet hat, möchte diese Lust aufrechterhalten, ihr Dauer verleihen, gleich ob es ein sexuelles, sinnliches, intellektuelles oder psychisches Vergnügen war. Darüber nachzudenken, sich eine Vorstellung davon zu machen, wie es die meisten Menschen tun, verleiht dem vergangenen Ereignis eine Dauer, die im Denken lebendig bleibt und weitere Lust erzeugt.

Nur erzeugt das Denken genauso wie die Lust auch Angst; beide sind an Zeit gebunden. Das Denken bringt diese Münze mit ihren zwei Seiten hervor: der Lust und dem Schmerz, also der Angst. Was ist da zu tun? Wir vergöttern das Denken, wir halten es für so außerordentlich wichtig, daß wir meinen, je raffinierter es sei, desto wertvoller sei es. Im Geschäftsleben, im religiösen wie im familiären Bereich bringt der Intellektuelle sein Denken zum Einsatz, sonnt sich in seinem Glanz, schmückt sich mit seinen klugen Wortgebilden. Wie verehren wir doch diese Leute, die intellektuell, verbal so gewandt mit ihrem Denken hantieren! Nur leider ist das Denken für die Angst verantwortlich und für das, was da Vergnügen heißt.

Womit wir nicht sagen wollen, daß wir keine Vergnügen erleben sollten. Wir wollen keine Puritaner sein, wir bemühen uns vielmehr zu begreifen, und indem dieser ganze Vorgang verstanden wird, endet die Angst. Dann werden wir erkennen, daß auch Vergnügen etwas völlig anderes ist – wenn die Zeit es uns erlaubt, werden wir noch darauf eingehen. Jedenfalls ist das Denken für diese Qual verantwortlich, für diese eine Seite der Münze, deren andere das Vergnügen ist mit seiner Fortdauer: dem Verlangen und der Jagd nach

Vergnügen, einschließlich seiner religiösen und aller anderen Formen. Was soll denn nun das Denken tun? Kann es einfach aufhören? Ist das die richtige Frage? Und wer sollte es zum Aufhören bringen? Etwa das »Ich«, das nicht Denken wäre? Das »Ich« ist doch Resultat des Denkens. Und so haben wir hier wieder das alte Problem: Das »Ich« und das »Nicht-Ich«, der Wächter, der da sagt: »Wenn ich es doch nur fertigbrächte, das Denken zum Aufhören zu bringen, dann würde ich endlich ein anderes Leben führen können.« Aber da ist nichts als das Denken; kein Wächter, der sagen könnte: »Ich möchte das Denken zum Aufhören bringen«, ist doch der Wächter selbst ein Produkt des Denkens. Wie aber entsteht das Denken? Das ist leicht zu erkennen: Es ist die Antwort der Erinnerung, der Erfahrung und des Wissens, das sich im Gehirn, dem Sitz der Erinnerung befindet. Sobald etwas von ihm erfragt wird, antwortet es mit einer aus Erinnerung und Wiedererkennen gespeisten Reaktion. Unser Gehirn ist das Ergebnis einer jahrtausendelangen Evolution und Prägung – das Denken ist immer alt, das Denken ist niemals frei, das Denken ist der Reflex unaufhörlicher Prägungen.

Was also ist zu tun? Wenn das Denken feststellt, daß es nun wirklich überhaupt nichts gegen die Angst unternehmen kann, weil es selber Angst schafft, tritt Stille ein; dann wird das völlige Unterlassen jeder Bewegung eintreten, die Angst hervorbringt. Deshalb beobachtet der Geist, einschließlich des Gehirns, dieses ganze Phänomen der Gewohnheiten, er beobachtet den Widerspruch und den Kampf zwischen dem »Ich« und dem »Nicht-Ich«. Er bemerkt, daß der Wächter das Überwachte ist. Er erkennt, daß Angst nicht einfach analysiert und dann abgelegt werden kann, daß sie vielmehr immer präsent sein wird; er erkennt, daß die Analyse kein Weg ist. Und so fragen wir uns: Wo liegt der Ursprung der Angst? Wie entsteht sie?

Wir sagten bereits, daß sie durch Zeit und Denken aufkommt. Das Denken nährt sich aus der Erinnerung, und so erzeugt das Denken Angst. Und Angst kann nicht durch ein bloßes Kontrollieren oder Unterdrücken des Denkens beendet werden, noch durch Versuche, das Denken umzuwandeln, noch durch Anwendung all der Tricks, mit denen wir uns selbst täuschen. Wenn das Denken dies gesamte Muster, ohne eine Wahl zu treffen, objektiv in uns wahrnimmt, wenn es dies alles erkennt, dann wird es sich sagen: »Ich werde still sein, ganz ohne Kontrolle oder Zwang; ich möchte zur Ruhe kommen.«

Und dann wird die Angst enden. Der Kummer wird enden, und man versteht sich selbst – hat Selbsterkenntnis. Denn wenn wir uns nicht selber erkennen, wird es kein Ende des Kummers und der Angst geben. Nur ein Geist, der frei ist von Angst, kann der Wirklichkeit ins Gesicht sehen.

Vielleicht möchten Sie jetzt gerne Fragen stellen. Man muß Fragen stellen. Dieses Fragen ist unerläßlich – hier und auch wenn Sie allein zu Hause oder im Garten sind, ruhig im Bus sitzen oder spazierengehen. Sie müssen Fragen stellen, um etwas herausfinden zu können. Nur müssen wir die richtigen Fragen stellen, denn in der richtigen Frage ist bereits die richtige Antwort enthalten.

[F]: Sich selbst anzunehmen, mit seinem Schmerz, mit seinem Kummer, ist es das, was wir tun sollten?

[K]: Wie kann man das annehmen, was man ist? Meinen Sie, Sie könnten Ihre innere Häßlichkeit, Ihre Brutalität, Ihre Gewalttätigkeit, Ihre Überheblichkeiten, Ihre Heucheleien einfach so annehmen? Können Sie all das annehmen? Und möchten Sie sich nicht ändern? Ja ist es nicht dringend nötig, daß wir all das ändern? Wie können wir denn die etablierte Ordnung unserer Gesellschaft hinnehmen, mit ihrer Moral, die Unmoral ist?! Ist das Leben nicht eine ständige Bewegung, auf Veränderung hin? Wahres Leben ist kein Hinnehmen, es ist Leben und nichts als Leben. Dann leben wir mit der Bewegung des Lebens, und diese Bewegung will Veränderung, psychische Revolution, eine Wandlung.

[F]: Das verstehe ich nicht.

[K]: Tut mir leid. Womöglich war Ihnen nicht ganz deutlich, daß das von Ihnen verwendete Wort »annehmen« im Englischen normalerweise bedeutet, die Dinge so hinzunehmen, wie sie sind. Vielleicht könnten Sie es auf Niederländisch formulieren?

[F]: Die Dinge so nehmen, wie sie kommen.

[K]: Werde ich die Dinge so nehmen, wie sie kommen, etwa wenn meine Frau mich verläßt? Wenn ich mein Vermögen verliere, wenn ich meinen Job verliere, wenn man mich verachtet, beleidigt, kann ich das einfach so hinnehmen, wie es kommt? Kann ich je den Krieg hinnehmen? Um die Dinge so hinzunehmen, wie sie kommen, tatsächlich, nicht nur theoretisch, müßte ich frei vom »Ich«

sein. Und davon haben wir ja heute morgen gesprochen, vom Leeren des Geistes, vom »ich« und »du«, dem »wir« und »sie« und davon, wie Sie dann von Augenblick zu Augenblick leben können, unaufhörlich, ohne Kampf, ohne Konflikte. Das wäre wahre Meditation, wahres Tun, nicht Konflikt, Brutalität und Gewalt.

[F]: Wir müssen nachdenken; das ist doch unerläßlich.

[K]: Ja, ich verstehe. Sie meinen also offenbar nicht, daß wir gar nicht mehr denken sollten. Denn um Ihre Arbeit zu tun, müssen Sie denken, um nach Hause zu kommen, müssen Sie denken; und jede verbale Verständigung kommt aus dem Denken. Welchen Stellenwert hat also das Denken in unserem Leben? Wann immer Sie etwas unternehmen, tritt das Denken in Aktion. Bitte denken Sie hier mit. Selbst wenn wir eine bloß mechanische Arbeit zu verrichten haben, funktionieren müssen wie die Computer – und vielleicht noch nicht einmal so effizient wie dieser sind –, ohne Denken geht auch das nicht. Denken muß klar, objektiv, nicht emotional, ohne Vorurteile und ohne vorgefaßte Meinungen sein. Denken ist unerläßlich, um klar handeln zu können. Zugleich jedoch wissen wir, daß das Denken Angst gebiert, und daß diese Angst uns an jedem wirksamen Tun hindert. Kann ich also ohne Angst tätig werden, wenn das Denken es fordert, und still sein, wenn solch eine Forderung nicht besteht? Verstehen Sie, was ich meine? Kann ich einen Geist und ein Herz bekommen, die den ganzen Zusammenhang von Angst, Vergnügen, Denken und die Stille des Geistes begreifen? Kann ich denkend handeln, wenn es nötig ist, und wenn nicht, das Denken lassen? Eigentlich ist es doch recht einfach, nicht wahr? Also: Kann der Geist so vollständig aufmerksam sein, daß er auf eine Anforderung hin angemessen zu denken und zu handeln imstande ist, wach bleibt, solange die Forderung währt, ohne einzuschlafen oder nur noch mechanisch zu funktionieren?

Die Frage ist demnach nicht, ob wir denken müssen oder nicht, sondern wie wir wach bleiben können. Und um wach zu bleiben, brauchen wir ein wirklich tiefgehendes Verständnis von Denken, Angst, Liebe, Haß und Einsamkeit. Wir müssen ganz und gar unser Leben leben, *so wie es ist,* es aber zugleich ganz und gar verstehen. Und wir können es nur tiefgreifend genug verstehen, wenn unser Geist vollkommen wach und unverzerrt ist.

[F]: Würden Sie sagen, daß wir angesichts einer Gefahr einfach aus der Erfahrung heraus reagieren?

[K]: Etwa nicht? Wenn Sie ein gefährliches Tier erblicken, reagieren Sie dann nicht aus der Erinnerung, aus der Erfahrung heraus? Vielleicht ist es nicht gerade Ihre persönliche Erfahrung, aber dann doch sicherlich das Erbgut Ihrer Rasse, das Ihnen rät, vorsichtig zu sein.

[F]: Das ist es, was ich meinte.

[K]: Aber warum reagieren wir dann nicht genauso effizient, wenn wir uns den Gefahren des Nationalismus, des Krieges, der widerstreitenden Regierungen mit ihren Hoheitsansprüchen und Armeen ausgesetzt sehen? Das sind die allergrößten Gefahren! Warum reagieren wir nicht, warum sagen wir nicht: »Laßt uns das alles ändern?« Das würde bedeuten, daß Sie sich selber ändern – Ihr allzu wohlbekanntes Selbst; daß Sie sich nicht mehr einer bestimmten Nation zugehörig fühlen, keiner Fahne, keinem Land, keiner Religion mehr; daß Sie ein freier Mensch wären. Aber das alles tun wir nicht. Wir reagieren auf physische Gefahren, nicht aber auf psychische Gefahren, die doch so viel verheerender sind. Wir nehmen die Dinge so hin, wie sie sind, allenfalls empören wir uns dagegen, nur um uns ein phantastisches Utopia zu erdenken – und schließlich doch alles beim alten zu lassen. Die Gefahren in uns und die Gefahren um uns zu erkennen ist ein und dasselbe, so daß es immer nur darum geht, wach zu bleiben, das heißt intelligent und empfindungsfähig zu sein.

Amsterdam, 10. Mai 1969

6. Die Gesamtheit des Lebens

Die absichtslose Leidenschaft für das Verstehen.

Wenn man nur begreifen könnte, warum die Menschen in aller Welt so ganz ohne Leidenschaft sind! Sie gieren nach Macht, nach sozialer Stellung, nach allen nur möglichen Formen sexueller und religiöser Unterhaltung und erträumen sich alle vorstellbaren Lüste. Doch sind es offensichtlich nur wenige, die von der tiefen Leidenschaft erfüllt sind, das Leben in seiner Gesamtheit zu verstehen, ohne ihre Energien in bruchstückhaften Aktivitäten zu vergeuden. Der Bankmanager kümmert sich wie besessen um seine Bankangelegenheiten, der Künstler und der Wissenschaftler geben sich ganz ihren eigenen Anliegen hin, doch ist es offenbar ganz ungewöhnlich schwierig, daß einer eine dauerhafte, intensive Leidenschaft dafür aufbringt, die Gesamtheit des Lebens zu begreifen.

Wenn wir uns nun aufmachen, der Frage nachzugehen, was ein umfassendes Verstehen des Lebens, des Liebens und des Sterbens ausmacht, dann werden wir nicht nur intellektuelle Fähigkeiten und ein starkes Empfinden benötigen, sondern weit darüber hinaus eine große Energie, die nur die Leidenschaft uns geben kann. Und da wir dieses gewaltige Problem vor uns haben, so komplex, subtil und tiefgehend es ist, müssen wir unsere gesammelte Aufmerksamkeit – will sagen: unsere Leidenschaft – darauf richten, um selbst nachzuschauen und herauszufinden, ob es nicht doch möglich sein sollte, ein Leben zu führen, das von unserem jetzigen Dasein gänzlich verschieden wäre. Und um das zu begreifen, müssen wir uns mehreren Fragen stellen, müssen wir unsere Bewußtseinsprozesse erforschen, müssen wir unseren Geist nicht nur an seiner Oberfläche, sondern vor allem in seinen tiefsten Ebenen untersuchen, müssen zudem das Wesen bestehender Ordnung kritisch betrachten, nicht nur der äußeren, der gesellschaftlichen, sondern auch unserer inneren Ordnung.

Wir müssen hinter den Sinn des Lebens kommen, nicht nur indem wir ihm verstandesmäßig eine Bedeutung zuweisen, sondern indem wir wirklich darauf achten, was für einen Sinn es eigentlich hat zu leben. Genauso müssen wir auf die Frage eingehen, was Liebe ist und was es bedeutet zu sterben. All dies muß auf der bewußten Ebene unseres Geistes untersucht werden, aber ebenso in seinen tiefsten, verborgensten Winkeln. Wir müssen uns fragen, was eigentlich Ordnung ist, was Leben wirklich bedeutet, und ob es möglich ist, ein Leben voll umfassender Zuneigung, voller Mitgefühl, Zärtlichkeit und Liebe zu führen. Ebenso wie wir, ein jeder für sich selbst, den Sinn dieser außerordentlichen Gegebenheit herausfinden müssen, die wir Tod nennen.

Dabei geht es nicht um einzelne Fragmente, es geht vielmehr um die gesamte Bewegung, um die Gesamtheit des Lebens. Wir werden es nie verstehen können, wenn wir es in Leben, Lieben und Sterben zerlegen, ist es doch alles Teil einer einzigen Bewegung. Und um diesen umfassenden Prozeß zu begreifen, brauchen wir Energie, nicht nur die Energie des Intellekts, sondern die Energie starker Empfindung, die aus einer Leidenschaft hervorgeht, die absichtslos ist und daher unablässig in uns brennt. Und da unser Geist zersplittert ist, müssen wir auf die Frage nach dem Bewußten und dem Unbewußten eingehen, weil *genau da* alle Aufspaltung beginnt – das »Ich« und »Nicht-Ich«, das »Du« und »Ich«, das »Wir« und das »Sie«. Solange diese Trennung fortbesteht – unter den Nationen, in den Familien, zwischen den Religionen mit ihren jeweiligen Ansprüchen auf Unterordnung –, so lange wird diese Aufspaltung unseres Lebens fortdauern. Hier das tägliche Dasein mit seiner Öde und Routine und dort das, was wir Liebe nennen – eingeschlossen von Eifersucht, Besitzansprüchen, Abhängigkeiten und Herrschsucht –, in allem die Ängste und hinter allem die Unausweichlichkeit des Todes. Können wir uns dieser Frage ernstlich stellen – nicht nur theoretisch oder bloß verbal –, können wir ihr wirklich nachgehen, können wir in uns selber hineinblicken und nachschauen, wo diese Aufspaltung herkommt, die uns soviel Elend, Verwirrung und Konflikte beschert?

Wir können sehr deutlich in uns die Aktivitäten des oberflächlichen Geistes beobachten, wie er sich um unseren Lebensunterhalt kümmert, um unsere technischen, wissenschaftlichen, erwerbsmäßigen Kenntnisse. Wir selber können unser Konkurrenzverhalten am

Arbeitsplatz erkennen, das oberflächliche Treiben unseres Geistes. Doch hat er noch seine heimlichen Ecken, die noch nie durchforscht worden sind, weil wir nicht wissen, wie das geht. Und wenn wir sie ans helle Licht des Verstehens bringen möchten, dann lesen wir entweder einschlägige Bücher oder gehen zu einem Psychoanalytiker oder einem Philosophen. Von selbst wissen wir nämlich nicht, wie etwas anzuschauen ist. Die nach außen gerichteten, oberflächlichen Aktivitäten des Geistes zu beobachten mögen wir durchaus imstande sein, doch sind wir offenbar außerstande, in diese tiefe, heimliche Höhle hineinzuschauen, in der die Gesamtheit alles Vergangenen verborgen liegt. Wie kann der bewußte Geist mit seinen praxisorientierten Wünschen und Ansprüchen dazu kommen, bis in die tieferen Schichten unseres Seins zu schauen? Ich weiß nicht, ob Sie es schon einmal versucht haben. Wer sich aber je daranmacht, mit der nötigen Beharrlichkeit und Entschiedenheit, dem mag es dann wohl gelingen, die mächtigen Ablagerungen der Vergangenheit zu entdecken, das Erbe unserer Rasse, die religiösen Auflagen, die Spaltungen; all das liegt ja dort verborgen. Jede Meinungsäußerung entspringt dieser Ansammlung von Vergangenem, stützt sich auf einmal erworbene Kenntnisse und Erfahrungen mit ihren vorgeprägten Schlußfolgerungen und Ansichten. Kann unser aller Geist fähig werden, in dies alles Einblick zu bekommen, es zu begreifen und darüber hinaus zu gelangen, so daß jede Spaltung verschwindet?

Das ist wichtig, weil wir derart darauf eingestellt sind, das Leben immer nur bruchstückweise ins Auge zu fassen. Und solange dies bruchstückhafte Dasein andauert, wird es auch das Verlangen nach Erfüllung geben: »Ich« möchte Erfüllung, Erfolg haben, muß wetteifern und Ehrgeiz entwickeln. Dieses Leben in Bruchstücken ist es, das uns zugleich individualistisch und gemeinschaftsorientiert sein läßt, selbstbezogen und doch in all unserer Isolierung der Identifikation mit etwas Größerem bedürftig. Diese tiefgreifende Spaltung in unserem Bewußtsein, in der ganzen Struktur und dem Wesen unseres Daseins macht, daß auch unsere Aktivitäten, unsere Gedanken und unsere Gefühle gespalten sind. So spalten wir unser Leben und das, was Lieben und Sterben heißt.

Ist es möglich, die Bewegungen des Vergangenen, das unser Unbewußtes ist, in den Blick zu bekommen? Wobei wir das Wort »unbewußt« ohne jede psychoanalytische Definition verwenden. Das tief Unbewußte ist das Vergangene, und von da aus operieren wir. Daher dann also die Aufspaltung in das Vergangene, das Gegenwärtige und das Zukünftige – in die Zeiten.

Das mag sich alles sehr kompliziert anhören, ist es aber nicht – es ist in Wirklichkeit ganz einfach, wenn wir nur in uns selber hineinschauen, unsere Tätigkeiten, die Arbeitsweise unserer Meinungsbildung, unseres Denkens und Entscheidens zu beobachten vermögen. Wenn Sie sich selber kritisch betrachten, dann werden Sie erkennen, wie Ihre Handlungen auf früheren Entscheidungen, zuvor geprägten Verfahrensmustern oder Verhaltensmodellen fußen, die sich als Ideale in die Zukunft hinein projizieren, so daß Sie Ihr Handeln stets danach ausrichten. So ist die Vergangenheit unablässig am Werk, mit ihren Motivationen, Feststellungen und Verhaltensmustern. Unser Geist und Herz sind mit Erinnerungen schwer beladen, die unser Leben prägen und Bruchstücke daraus machen.

Darum müssen wir uns fragen, ob und wie unser bewußter Geist in unser Unbewußtes so tief hineinblicken kann, daß wir dessen gesamten Inhalt begreifen, also unsere gesamte Vergangenheit. Dazu wären kritische Fähigkeiten erforderlich – nicht aber selbstgerechte Kritik –; erforderlich wäre, daß wir genau hinschauen. Wenn wir wirklich wachsam sind, dann ist diese Spaltung in unserem gesamten Bewußtsein zu Ende. Solch ein Zustand des Wachseins kann jedoch nur da aufkommen, wo solch eine kritische Selbstwahrnehmung frei von Urteilen ist.

Beobachten bedeutet kritisch sein – nicht Kritik üben aufgrund von Bewertungen und Ansichten, worum es geht, ist kritisch wachsam zu sein. Denn wenn diese Kritik ichbezogen wäre und durch Ängste oder irgendwelche Vorurteile eingeengt, dann hätte sie aufgehört, wahrhaft kritisch zu sein, und wäre nur bruchstückhaft.

Was uns aber hier zu beschäftigen hat, ist das Begreifen des ganzen Prozesses, der Gesamtheit des Lebens, nicht irgendeines Bruchstückes. Wir fragen nicht, was im Blick auf irgendein Sonderproblem, auf irgendeine vom gesamten Lebensprozeß abgelöste Aktivität zu tun ist. Wir möchten vielmehr herausfinden, was zu einem Begreifen der Wirklichkeit gehört, und ob es solch eine übergreifende Wirklichkeit überhaupt gibt, etwas derart Unermeßliches, Ewiges. Eine umfassende, ganzheitliche Wahrnehmung – keine bruchstückhafte –, darum geht es uns hier. Solch ein Begreifen des Lebens in seiner gesamten Bewegtheit als einer einzigen einheitlichen Bewegung kann jedoch erst möglich werden, wenn in unserem gesamten Bewußtsein all unsere eigenen Konzepte, Prinzipien, Ideen, all die Spaltungen in das »Ich« und das »Nicht-Ich« an ihr Ende gekommen sind. Wenn das – wie ich hoffe – deutlich geworden ist, dann können wir nun einen Schritt weiter gehen und herauszufinden versuchen, was es heißt, zu leben.

Wir betrachten Leben als ein positiv ausgerichtetes Tätigsein – als Machen, Denken, unablässige Geschäftigkeit, Konflikte, Ängste, Sorgen, Schuldgefühle, Ehrgeiz, Konkurrenzkampf, die Gier nach Lust mit dem dazugehörigen Schmerz, das Verlangen nach Erfolg. Das alles heißt für uns, zu leben. Das ist unser Leben, mit seinen gelegentlichen Freuden, mit seinen Augenblicken des Mitgefühls ohne Motiv oder der Großzügigkeit ohne eingegangene Bindung. Auch gibt es seltene Momente der Ekstase, manchmal Augenblicke einer zeitlosen Seligkeit. Unser Alltag jedoch besteht aus unserer Arbeit, aus Ärger, Haß, Streit, Feindschaft, und dennoch halten wir unser Leben für eine außerordentlich positive Angelegenheit.

In Wirklichkeit aber ist allein die Negation des Positiven das wahrhaft Positive. Nein zu sagen zu dem, was wir da Leben nennen, das so häßlich, einsam, angsterfüllt, brutal, gewaltsam und beziehungslos ist, das wäre das Positivste. Verstehen wir einander noch? Sehen Sie, die konventionelle Moral vollständig abzulehnen bedeutet, im höchsten Maße moralisch zu sein, weil das, was wir die gesellschaftliche Moral nennen, die Moral des sogenannten Anstandes, ganz und gar unmoralisch ist, sind wir doch konkurrenzsüchtig, habgierig, neidisch, nur auf unser eigenes Fortkommen bedacht – Sie wissen selbst, wie wir uns aufführen. Und das nennen wir gesellschaftliche Moral! Religiöse Leute reden über eine andere Moral, nur daß ihr Leben, ihr gesamtes Verhalten, die hierarchische Struktur der religiösen Organisationen und Glaubensregeln auch unmoralisch ist. Das abzulehnen sollte keine Reaktion darauf sein, weil eine Reaktion nichts weiter wäre, als in Form des Widerspruchs bloß eine abweichende Meinung zu vertreten. Wenn Sie es jedoch ablehnen, weil Sie es begriffen haben, dann ist das der höchste Ausdruck wirklicher Moral.

Und genauso bedeutet die Verneinung der gesellschaftlichen Moral und die Ablehnung der Art und Weise, wie wir unser Leben führen, unser nettes kleines Leben, unser kümmerliches Denken und Existieren, die oberflächliche Genugtuung durch die Ansammlung von Gütern – das alles abzulehnen, nicht als Reaktion, sondern aus der Erkenntnis der äußersten Stupidität und des destruktiven Charakters dieser Lebensweise – das alles zu verneinen bedeutet, zu leben. Das Verkehrte als Verkehrtes zu erkennen – dieses Schauen ist das Wahre.

Und was ist nun Liebe? Ist Liebe Lust? Ist Liebe Verlangen? Ist Liebe Anhänglichkeit, ist sie Abhängigkeit, ist sie das Besitzergreifen des Menschen, den du liebst und beherrschst? Ist es Liebe, die sagt: »Dies ist meins und nicht deins, mein Eigentum, mein sexuelles Recht« – worin Eifersucht, Haß, Zorn und Gewalt mitschwingt. Und wo Liebe unter religiösem Einfluß in heilig und profan eingeteilt wird – entsteht da etwa wahre Liebe? Kann man lieben und zugleich ehrgeizig sein? Können Sie Ihren Mann lieben, kann er sagen, daß er Sie liebt, wenn er voller Ehrgeiz steckt? Kann es Liebe geben, wo Konkurrenzkampf und Erfolgszwang herrschen?

All das zu verneinen, nicht nur intellektuell oder verbal, es aus unserem Dasein zu tilgen, nie mehr Eifersucht, Neid, Konkurrenzkampf, Ehrgeiz erleben zu wollen – all das abzulehnen, das hieße endlich lieben zu können. Es kann nur das eine oder das andere geben. Der eifersüchtige Mann oder die dominante Frau, sie wissen beide nicht, was Liebe ist. Womöglich reden sie davon, vielleicht schlafen sie auch miteinander, besitzen einander, machen sich um der Bequemlichkeit, um der Absicherung willen oder aus Angst vor dem Alleinsein voneinander abhängig, aber all das ist ganz sicher keine Liebe. Wenn alle, die sagen, sie liebten ihre Kinder, das wirklich täten, würde es dann Kriege geben? Würde es dann noch die Aufteilung in Nationalitäten geben, würde es diese Trennungen geben? Was wir Liebe nennen, ist Folter, Verzweiflung und Schuldgefühl. Diese Art von Liebe wird üblicherweise mit sexueller Lust gleichgesetzt. Und wir sind nicht puritanisch oder prüde gesonnen, wir behaupten nicht, es dürfe kein Vergnügen geben. Wenn wir eine Wolke betrachten oder den Himmel oder ein schönes Antlitz, dann erfüllt uns Freude. Wenn wir eine Blume betrachten, dann erfüllt sie uns mit ihrer Schönheit – wir verneinen ja nicht die Schönheit. Schönheit ist kein lustvoller Einfall des Denkens, allerdings ist es das Denken, das uns die Schönheit als Lust erfahren läßt.

Ebenso verhält es sich, wenn wir lieben und Sex erleben: das Denken läßt uns das als Lust erfahren, als ein Bild dessen, was wir erlebt haben und morgen wieder erleben möchten. In dieser Wiederholung liegt Vergnügen, das etwas anderes ist als Schönheit. Schönheit, Zärtlichkeit und wahre Liebe schließen Sexualität nicht aus. Nur daß heutzutage, wo alles erlaubt ist, alle Welt auf einmal die Sexualität entdeckt zu haben scheint und ihr eine ungeheure Bedeutung beimißt. Wahrscheinlich ist das die einzige Ausflucht, die dem Menschen geblieben ist, die einzige Freiheit. Überall sonst wird er herumgestoßen, fertiggemacht, intellektuell und emotionell vergewaltigt, in jeder Beziehung ist er versklavt, kaputt, und die einzige Möglichkeit, sich frei zu fühlen, besteht im Erleben der Sexualität. Diese Freiheit vermittelt ihm eine gewisse Freude, die er zu wiederholen wünscht. Wenn wir all dies betrachten, wo ist da Liebe? Nur ein Geist und ein Herz, die von Liebe erfüllt sind, können die Bewegung des Lebens in seiner Gesamtheit erblicken. Und ein Mensch, der so liebt, ist moralisch, ist gut, was auch immer er tut, ja was er tut, ist voller Schönheit.

Und wie bringen wir Ordnung in das alles hinein – wo doch unser Leben so wirr, so ungeordnet ist? Wir alle wünschen uns Ordnung, nicht nur bei uns, wo alles am rechten Platz sein soll, wir wünschen uns darüber hinaus Ordnung in unserer gesamten Gesellschaft, die unter einer derart ungeheuren sozialen Ungerechtigkeit leidet. Und wir wünschen uns Ordnung in unserem Inneren – da soll eine umfassende, geradezu mathematische Ordnung sein. Kann diese Ordnung aber durch Anpassung an ein Verhaltensmuster erreicht werden, das wir für ordnungsgemäß halten? Wenn wir das meinen, dann sollten wir dies Verhaltensmuster einmal mit den faktischen Gegebenheiten vergleichen – um auf den Konflikt zu stoßen. Ein Konflikt, der doch wohl Unordnung anzeigt, der doch ganz sicher keine Tugend ist! Wenn unser Geist um Tugend, um moralische und ethische Werte ringt, dann muß er den Gegebenheiten Widerstand leisten. Und dieser Konflikt bedeutet Unordnung. Das Wesen der Ordnung aber ist die Tugend – auch wenn wir das Wort Tugend in unserer modernen Welt nicht mehr so gern verwenden möchten. Tugend aber entsteht nicht aus den Konflikten des Denkens, sie entsteht nur dann, wenn Sie die Unordnung kritisch wahrnehmen, mit erwachter Intelligenz, indem Sie sich selbst verstehen. Dann wird vollkommene Ordnung eintreten, in höchster Vollendung, also wahre Tugend. Und die kann sich nur da einstellen, wo Liebe ist.

Nun bleibt aber noch die Frage nach dem Sterben, das wir uns so sorgfältig vom Leibe zu halten suchen, als etwas, das irgendwann einmal eintreten wird, vielleicht in fünfzig Jahren, vielleicht schon morgen. Und doch leben wir in der ständigen Angst davor, einmal ein Ende gesetzt zu bekommen und von all dem getrennt zu werden, was wir besitzen, wofür wir gearbeitet, was wir erlebt haben – Frau, Mann, Wohnung, Möbel, unser Gärtchen, die Bücher oder die Gedichte, die wir geschrieben haben oder noch zu schreiben hofften. Wir haben Angst, all das zurückzulassen, weil wir selber die Möbel sind, wir sind das Gemälde, das uns gehört. Wenn wir Geige spielen können, dann sind wir diese Geige. Haben wir uns doch mit all diesen Dingen identifiziert – wir sind all das und sonst nichts. Haben Sie das je von einer solchen Warte aus betrachtet? Sie sind die Wohnung – mit ihren Fensterläden, dem Schlafzimmer, den Möbeln, die Sie Jahre hindurch so sorgfältig poliert haben, die Ihnen gehören – das ist's, was Sie sind. Wenn Ihnen das genommen wird, sind Sie nichts mehr.

Und davor haben Sie Angst: Nichts zu sein. Ist es denn nicht wirklich merkwürdig, daß Sie vierzig Jahre lang damit zugebracht haben, ins Büro zu gehen und kaum, daß Sie damit aufhören, Herzbeschwerden bekommen und sterben? Sie sind das Büro, die Akten, der Manager, der Buchhalter oder was auch immer Ihre Stellung sein mag; Sie sind das und sonst sind Sie nichts. Natürlich haben Sie auch eine Menge Ideen über Gott, über Güte, über Wahrheit, darüber, wie die Gesellschaft sein müßte – aber das ist's dann auch. Und das macht Kummer. Sich klarzumachen, daß es das ist, was Sie sind, bringt großen Kummer, aber den allergrößten Kummer müßte uns eigentlich machen, daß wir uns darüber nicht klarwerden. Es zu erkennen und festzustellen, was es bedeutet, ist Sterben.

Der Tod ist unausweichlich, alle Lebewesen müssen an ihr Ende kommen. Aber wir haben Angst davor, das Vergangene sein zu lassen. Das Vergangene, das sind wir selber; wir sind Zeit, Kummer und Verzweiflung, hie und da mit einer Wahrnehmung von Schönheit, einem Aufflackern von Güte oder echter Zärtlichkeit, als einer vorübergehenden flüchtigen Erscheinung. Und weil wir Angst vor dem Tod haben, fangen wir an zu überlegen, ob wir nicht noch einmal leben könnten. Also noch einmal all der Kampf, die Konflikte, das Elend, das Besitzen, die Ansammlung von Erlebnissen fortzusetzen. Der gesamte Osten glaubt an eine Reinkarnation. Das, was Sie sind, möchten Sie durch eine Wiedergeburt neu erleben. Nur daß Sie eben dieses Durcheinander sind, diese Wirrnis, diese Unordnung. Mit Reinkarnation ist aber auch gemeint, daß wir zu einem anderen Leben wiedergeboren werden, so daß es darauf ankäme, was wir heute tun, nicht wie wir in unserem kommenden Dasein leben werden – wenn es denn so etwas geben sollte. Wenn Sie wiedergeboren werden, dann kommt es darauf an, wie Sie heute leben, weil ja das Heute den Samen der Schönheit und den Samen des Kummers sät. Nur daß all die glühenden Anhänger des Reinkarnationsglaubens sich auch nicht besser zu verhalten wissen; denn wenn sie sich wirklich um das rechte Verhalten kümmerten, dann würden sie sich nicht um das Morgen kümmern; Güte nämlich lebt nur in der Wahrnehmung des Heute.

Sterben ist Teil des Lebens. Sie können nicht lieben, ohne zu sterben, allem zu sterben, was nicht Liebe ist, allen Idealen zu sterben, die bloße Projektionen Ihrer eigenen Wünsche sind, allem Vergangenen, allem Erlebten zu sterben, so daß Sie erkennen, was Liebe ist, und damit auch, was Leben ist. So ist Leben, Lieben und Sterben ein und dasselbe, nämlich ganz und gar, vollständig, jetzt zu leben. Dann wird auch unser Tun nicht länger voller Widersprüche sein, nicht mehr Schmerz und Kummer mit sich bringen. Dann ist da nur noch Leben, Lieben und Sterben, und alles ist unser eigenes Tun. Und in diesem Tun ist Ordnung. Und wenn wir so leben, und das müssen wir – nicht nur gelegentlich einmal, nein jeden Tag, jede Minute –, dann wird auch in der Gesellschaft Ordnung einkehren, die Einheit aller Menschen wird Wirklichkeit, und die Regierungsgeschäfte werden von Computern geführt werden, nicht mehr von unseren Politikern mit ihrem persönlichen Ehrgeiz und ihren Abhängigkeiten. So zu leben, ist lieben und sterben.

[F]: Kann man auf der Stelle frei werden und ohne Konflikte leben, oder kostet das Zeit?

[K]: Kann man sofort ohne die Vergangenheit leben, oder kostet das Freiwerden von der Vergangenheit Zeit? Kostet es Zeit, von der Vergangenheit loszukommen, und hindert uns das daran, jetzt gleich zu leben? Das ist doch wohl die Frage. Die Vergangenheit ist wie eine verborgene Höhle, wie ein Keller, in dem Sie Ihren Wein aufbewahren – falls Sie Wein besitzen. Kostet es Zeit, davon frei zu sein? Und was bedeutet es, daß etwas Zeit braucht? Wir sind daran gewöhnt, daß etwas Zeit braucht. Ich sage mir: »Ich werde mir Zeit lassen! Tugend ist etwas, das erworben sein will, das Tag für Tag eingeübt werden muß; von meinem Haß, meiner Gewalttätigkeit werde ich loskommen, nach und nach, langsam!« So sind wir es gewohnt, so sind wir konditioniert. Und deshalb fragen wir uns, wie wir nach und nach unsere gesamte Vergangenheit abwerfen können, was Zeit kostet. Im Hinblick auf meine Gewalttätigkeit nehme ich mir dann vor: »Davon werde ich mich nach und nach freimachen.« Aber was bedeutet denn dies »nach und nach«, dieses »schrittweise«? Es bedeutet doch wohl, daß ich in der Zwischenzeit weiterhin gewaltsam bin. Die Vorstellung, nach und nach von der Gewalt loszukommen, ist schließlich nichts als Heuchelei. Denn wenn ich gewaltsam bin, dann kann ich nicht nach und nach davon loskommen, ich kann nur auf der Stelle damit Schluß machen. Kann ich psychische Belastungen auf der Stelle loswerden? Ganz bestimmt nicht, wenn ich mir die Vorstellung zu eigen gemacht habe, daß ich mich nach und nach von der Vergangenheit befreien könnte. Worauf es aber wirklich ankommt ist, die Gegebenheiten so zu sehen, wie sie jetzt sind, ohne jede Verzerrung. Bin ich eifersüchtig und neidisch, dann muß ich das mit einer umfassenden, nicht partiellen Wahrnehmung vollständig so sehen. Ich schaue meine Eifersucht an: Warum bin ich überhaupt eifersüchtig? Weil ich einsam bin, weil mich der, an dem ich gehangen habe, verlassen hat und ich mich auf einmal meiner eigenen Leere, meiner Isoliertheit ausgesetzt sehe. Da packt mich die Angst, da möchte ich mich an dich hängen. Aber wehe, du wendest dich ab, dann werde ich nämlich wütend, dann bin ich eifersüchtig! Tatsache ist, daß ich einsam bin, daß ich Gesellschaft brauche, jemanden, der nicht bloß für mich kocht, mir nicht bloß Bequemlichkeit, sexuelle Befriedigung und sonst einiges verschafft, sondern weil ich im Grunde allein bin. Und daher bin ich eifersüchtig. Kann ich diese Einsamkeit unmittelbar

verstehen? Das könnte ich gewiß, aber nur, wenn ich sie beobachte, wenn ich nicht vor ihr davonlaufe, wenn ich sie betrachte, sie kritisch beobachte, mit wacher Intelligenz, keine Ausreden erfinde, die Leere nicht zu füllen, keine neuen Bekannten zu finden versuche. Für solch eine Betrachtung ist Freiheit vonnöten, und wenn ich diese Freiheit habe, dann bin ich auch von Eifersucht frei. So hängt die Wahrnehmung, das umfassende Beobachten der Eifersucht und das Freiwerden von ihr nicht von der Zeit ab, sondern von der Hingabe an völlige Aufmerksamkeit, kritische Achtsamkeit, absichtsloses, unmittelbares Achtgeben auf alles, was aufkommt. Und dann werde ich frei sein – nicht irgendwann, nein jetzt – von dem, was wir Eifersucht nennen.

Dies gilt gleichermaßen von der Gewalt, dem Zorn oder sonstigen Gewohnheiten, sei es das Rauchen, das Trinken oder ein sexuelles Verhalten. Wenn wir diese Dinge mit ganzer Aufmerksamkeit anschauen, mit Herz und Verstand, dann nehmen wir auf intelligente Weise ihren gesamten Gehalt wahr – dann besteht Freiheit. Sobald diese Achtsamkeit wirkt, kann alles, was aufkommen mag – Zorn, Eifersucht, Gewalt, Brutalität, Zweideutigkeiten, Feindseligkeit –, unmittelbar und vollständig beobachtet werden. Darin liegt Freiheit, und das, was aufkam, hört auf zu bestehen. Also kann die Vergangenheit nicht im Laufe der Zeit ausgelöscht werden. Die Zeit ist nicht der Weg in die Freiheit. Ist diese Idee des allmählichen Übergangs nicht eine andere Art von Trägheit, von Unfähigkeit, auf die Vergangenheit sofort einzugehen, sobald sie auftaucht? Wenn Sie diese erstaunliche Fähigkeit haben, das Vergangene mit aller Klarheit ins Auge zu fassen, wenn es auftaucht und wenn Sie Geist und Herz völlig daransetzen, es zu beobachten, dann hört die Vergangenheit auf. Zeit und Denken bereiten der Vergangenheit also kein Ende, weil Zeit und Denken die Vergangenheit sind.

[F]: Ist das Denken eine Bewegung des Geistes? Ist Achtsamkeit die Funktion eines bewegungslosen Geistes?

[K]: Wie wir beim vorigen Mal bereits gesagt haben, kommt das Denken aus der Erinnerung, wie bei einem Computer, in den Sie alle möglichen Informationen eingegeben haben. Und wenn Sie eine bestimmte Auskunft suchen, dann wird Ihnen der Speicher des Computers das Gewünschte liefern. So ist der Geist, das Gehirn, das Warenhaus der Vergangenheit, also die Erinnerung, und bei

einer Anforderung sucht sich das Denken die Antwort aus den vorhandenen Kenntnissen, Erfahrungen, dem Erlernten und Eingeprägten zusammen. Das Denken ist also die Bewegung, oder genauer Teil der Bewegung des Geistes und des Gehirns. Nun möchte der Fragesteller wissen, ob Achtsamkeit ein Ruhen des Geistes ist. Können Sie irgend etwas betrachten – einen Baum, Ihre Frau, Ihren Nachbarn, einen Politiker, einen Priester, ein schönes Antlitz –, ohne daß Ihr Geist in Bewegung ist? Das Bild, das Sie sich von Ihrer Frau gemacht haben, von Ihrem Mann, Ihrem Nachbarn, Ihr Vorwissen von dem, was eine Wolke oder was Vergnügen ist, all das mischt sich ein, nicht wahr? Wenn sich aber irgendein Bild einmischt, sei es unbemerkt oder ganz offen, dann beobachten wir nicht mehr, bringen wir keine wirkliche, völlige Achtsamkeit auf –, es besteht nur partielle Achtsamkeit. Bei einer klaren Beobachtung darf kein Bild zwischen den Beobachter und das Beobachtete treten. Wenn Sie einen Baum anschauen, ohne auf botanisches Wissen über den Baum oder auf Ihr mit dem Baum verbundenes Vergnügen und Verlangen zurückzugreifen? Können Sie ihn denn nicht so unmittelbar anschauen, daß der Abstand zwischen Ihnen, dem Beobachter, und dem, was Sie betrachten, verschwindet? Womit nicht gemeint ist, daß Sie zum Baum werden! Aber wenn dieser Abstand verschwindet, hört der Beobachter auf zu existieren, und nur das Beobachtete bleibt. In solcher Beobachtung liegt Wahrnehmung, ein von größter Vitalität erfülltes Schauen des Baumes, seiner Farbe, seiner Gestalt, der Schönheit seiner Blätter oder seines Stammes. Wenn es den Mittelpunkt »Ich«, der beobachtet, nicht gibt, haben Sie innigen Kontakt mit dem, was Sie beobachten.

Das Denken, das Teil des Gehirns und des Geistes ist, setzt sich in Bewegung, wenn eine Herausforderung aufkommt, auf die es mit Denken zu reagieren gilt. Um jedoch etwas Neues zu entdecken, etwas, das noch nie angeschaut wurde, muß diese intensive Aufmerksamkeit ohne jede Bewegung bestehen. Und das ist nichts Geheimnisvolles oder Okkultes, was Sie jahrelang einüben müssen; das wäre barer Unsinn. Es ereignet sich, wenn Sie, zwischen zwei Gedanken, einfach beobachten.

Wissen Sie, wie es dem Erfinder des Düsenantriebs ergangen ist? Wie ist er darauf gekommen? Er wußte alles über Verbrennungsmotoren und suchte nach irgendeinem anderen Antrieb. Um zu beobachten, müssen Sie still sein – wenn Sie alles Wissen über Ihren Verbrennungsmotor mit sich herumtragen, werden Sie nur das finden, was Sie gelernt haben. Das Gelernte müssen Sie unangetastet lassen, dann werden Sie etwas Neues entdecken. Um Ihre Frau, Ihren Mann, den Baum, Ihren Nachbarn, die ganze Gesellschaftsstruktur in all ihrer Unordnung erkennen zu können, müssen Sie in völliger Ruhe eine neue Art des Beobachtens finden – und damit eine neue Art zu leben und zu handeln.

[F]: Wie können wir die Kraft finden, ohne Theorien und Ideale zu leben?

[K]: Woher nehmen Sie denn die Kraft, *mit* ihnen zu leben? Woher nehmen Sie die ungeheure Energie, um mit Rezepten, mit Idealen, mit Theorien leben zu können? Leben Sie nach solchen Rezepten? Wie bringen Sie denn nur die Energie dazu auf? Diese Energie muß sich in Konflikten verbrauchen. Das Ideal ist irgendwo da hinten, Sie aber sind hier, und da versuchen Sie nun, ihm gemäß zu leben? Deshalb gibt es eine Spaltung, gibt es Konflikte, und damit wird Energie vergeudet. Wenn Sie nun diese Energieverschwendung erkennen, wenn Sie erkennen, wie absurd es ist, Ideale zu haben, Rezepten und Konzepten zu folgen, und wie Sie dadurch ständig in Konflikte geraten, wenn Sie das erkennen, dann haben Sie die Energie, ohne all das zu leben. Dann werden Sie Energie im Überfluß haben, weil sie nicht mehr in Konflikten vergeudet zu werden braucht. Aber sehen Sie, wir trauen uns einfach nicht, so zu leben, weil wir konditioniert sind. Und so nehmen wir dieses ganze System von Rezepten und Idealen auf uns, zumal alle anderen das genau so machen. Wir leben damit, wir nehmen das Leben in Konflikten als etwas Unvermeidliches hin. Doch wenn wir das erkennen, nicht verbal, nicht theoretisch, nicht intellektuell, wenn wir mit unserem ganzen Sein spüren, wie absurd es ist, so zu leben, dann haben wir den Überfluß an Energie, der nur entstehen kann, wenn es keine Konflikte mehr gibt. Dann gibt es nur noch die Tatsachen und nichts anderes mehr. Da geht es dann um die Tatsache, daß wir habgierig sind, nicht um das Ideal, demzufolge wir nicht habgierig sein dürften, was zur Vergeudung unserer Energie führen würde, nein es geht um die Tatsache, daß wir habgierig, besitzergreifend und herrschsüchtig sind. Das allein ist Tatsache, und wenn wir unsere gesamte Aufmerksamkeit auf diese Tatsache richten, dann werden

wir auch die Energie haben, sie aufzulösen und endlich frei leben zu können, ohne irgendeines Ideals, irgendeines Prinzips, irgendeines Glaubensbekenntnisses zu bedürfen. Und das hieße endlich auch, lieben und allem Vergangenen sterben.

Amsterdam, 11. Mai 1969

Teil III

7. Angst

Widerstand. Energie und Aufmerksamkeit.

Die meisten von uns sind Gefangene ihrer Gewohnheiten – ihrer physischen und psychischen Gewohnheiten. Einige sind sich dessen bewußt, andere nicht. Wenn einer sich dieser seiner Gewohnheiten bewußt wird, besteht dann die Möglichkeit, wenigstens eine dieser Gewohnheiten auf der Stelle aufzugeben, statt sie noch weitere Monate oder gar Jahre lang mit sich herumzuschleppen? Und wenn ich mir auch nur einer einzigen Gewohnheit bewußt bin, kann ich sie dann ohne allen Kampf ablegen, sie einfach fallenlassen? Also etwa das Rauchen, ein eigenartiges Kopfzucken, mein ewiges Lächeln oder was ich sonst an seltsamen Gewohnheiten haben mag. Uns darüber klarwerden, wie wir endlos daherquasseln, über gar nichts, wie unser Geist ständig rastlos umherschweift – können wir das ohne jeglichen Widerstand, ohne alle Kontrolle erreichen und es so, ohne Anstrengung, auf der Stelle zu Ende bringen? Dazu sind mehrere Dinge nötig: Zunächst die Einsicht, daß gegen irgend etwas zu kämpfen, etwa gegen irgendeine Gewohnheit, einen Widerstand gegen diese Gewohnheit voraussetzt; und wir haben doch begriffen, daß jede Art von Widerstand nur noch weitere Konflikte erzeugt. Wenn wir einer Gewohnheit Widerstand entgegensetzen, sie zu unterdrücken versuchen, gegen sie ankämpfen, dann wird genau die Energie, die zum Verständnis dieser Gewohnheit nötig wäre, im Kampf und im Bemühen um Kontrolle vergeudet. Und dazu gehört das zweite: Wir nehmen als erwiesen hin, daß es Zeit braucht, daß jede solche Gewohnheit nur nach und nach abgeschwächt, langsam unterdrückt oder abgelegt werden kann.

Wir haben uns einerseits mit der Vorstellung befreundet, daß wir uns von einer Gewohnheit nur freimachen können, wenn wir ihr Widerstand leisten, wenn wir eine ihr entgegengesetzte Gewohnheit entwickeln, und andererseits mit der Vorstellung, daß wir dies nur schrittweise, im Verlauf einer gewissen Zeit zuwege bringen können. Wenn wir allerdings genauer hinschauen, dann werden wir sogleich erkennen, daß jede Art von Widerstand nur weitere Konflikte hervorruft, und daß die Zeit, seien es Tage, Wochen oder auch Jahre, der Gewohnheit kein Ende setzt. Und so müssen wir uns fragen, ob es denn nicht möglich ist, eine Gewohnheit ohne Widerstand und ohne Zeit, also auf der Stelle zu beenden.

Um von Angst frei zu sein, ist nicht einen bestimmten Zeitraum hinweg geleisteter Widerstand erforderlich, sondern die Energie, um dieser Gewohnheit zu begegnen und sie auf der Stelle aufzuheben. Und das ist's, was wir Aufmerksamkeit nennen. Aufmerksamkeit nämlich ist das eigentliche Wesen aller Energie. Meine Aufmerksamkeit auf eine bestimmte Gewohnheit zu richten bedeutet doch, meinen Geist, mein Herz, meine gesamte physische Energie daranzusetzen, ihr zu begegnen, ihrer bewußt zu werden. Dann werden Sie sehen, daß die Gewohnheit keine Stütze mehr hat – sie löst sich auf der Stelle auf.

Nun können wir meinen, unsere diversen Gewohnheiten seien gar nicht so besonders wichtig – wir haben sie eben, was soll's. Oder wir erfinden alle möglichen Ausreden für unsere Gewohnheiten. Wenn aber unser Geist die Qualität der Aufmerksamkeit angenommen hätte – wenn der Geist die Tatsache, die Wahrheit, begriffen hätte, daß Energie Aufmerksamkeit ist und Aufmerksamkeit erforderlich ist, um irgendeine Gewohnheit aufzulösen – und wir würden uns einer besonderen Gewohnheit, einer Tradition, bewußt, dann würden wir feststellen, wie sie zu Ende geht, und zwar völlig.

Wir reden ganz gerne über alles mögliche, oder wir verlieren uns in endlosem Geschwätz über Nichtigkeiten – wenn wir aber wirklich ganz bewußt aufmerksam sind, haben wir eine ungewöhnliche Energie, eine Energie, die nicht aus Widerstand hervorgeht, wie die meisten Energien. Diese Energie der Aufmerksamkeit ist Freiheit. Wenn wir das wirklich sehr tief verstehen, nicht als Theorie, sondern als wirkliche Tatsache, mit der wir experimentiert haben, als Tatsache, die wir gesehen haben und deren wir uns voll bewußt sind, das Wesen und die Strukturen der Angst zu untersuchen, erst dann kann man dazu übergehen. Dabei müssen wir uns immer im klaren sein, daß beim Gespräch über eine derart komplizierte Frage die verbale Kommunikation zwischen Ihnen und dem Vortragenden recht schwierig wird. Hören wir nämlich nicht mit der nötigen Sorgfalt und Aufmerksamkeit zu, dann ist Kommunikation nicht möglich. Wenn Sie an eine Sache denken, während der Vortragende von etwas ganz anderem spricht, dann ist die Kommunikation sicherlich am Ende.

Wenn Sie mit Ihren jeweiligen Ängsten beschäftigt sind und dazu Ihre gesamte Aufmerksamkeit benötigen, dann gibt es keinen Raum mehr für eine Kommunikation zwischen Ihnen und dem Vortragenden. Um miteinander in Kommunikation zu treten, brauchen wir ein hohes Maß an anteilnehmender, intensiver Aufmerksamkeit, damit wir das Wesen der Angst begreifen können.

Wichtiger noch als Kommunikation ist allerdings Kommunion, Kommunikation ist verbal, Kommunion ist nonverbal. Zwei Menschen, die sich sehr gut kennen, können sich ohne Worte miteinander verständigen, weil sie untereinander eine bestimmte Art der Kommunikation entwickelt haben. Wenn wir hier jetzt an eine derart komplizierte Frage wie Angst herangehen wollen, dann muß auch zwischen uns eine Kommunion bestehen, ebenso wie verbale Kommunikation. Beides ist unerläßlich, wenn wir denn wirklich zusammenarbeiten wollen. Und nun, nachdem dies hoffentlich deutlich geworden ist, lassen Sie uns die Frage der Angst ins Auge fassen.

Es geht nicht darum, *von* der Angst frei zu werden. In dem Augenblick, wo Sie sich von der Angst zu befreien versuchen, bauen Sie einen Widerstand gegen die Angst auf. Und Widerstand, gleich in welcher Form, vermag der Angst kein Ende zu setzen; sie wird weiter bestehenbleiben, wie sehr Sie sich auch bemühen mögen, ihr auszuweichen, ihr zu widerstehen, sie unter Kontrolle zu bringen, vor ihr davonzulaufen oder was sonst – sie wird immer da sein. Das Weglaufen, die Kontrolle, das Unterdrücken, all das sind Formen des Widerstandes; aber die Angst dauert an, wenn Sie auch noch so viel Kraft in Ihren Widerstand investieren. Deshalb sprechen wir hier nicht über das Freiwerden von der Angst. Von etwas frei zu sein ist noch lange keine Freiheit. Bitte begreifen Sie das, denn nachdem wir in diese Frage eingedrungen sind und Sie mit gesammelter Aufmerksamkeit zugehört und mitgedacht haben, sollten Sie diesen Saal ohne jede Spur von Angst verlassen können. Nur darauf kommt es an, nicht darauf, was der Vortragende sagt oder nicht sagt, auch nicht darauf, ob Sie damit einverstanden sind oder nicht. Das einzig Wichtige ist, daß jeder von uns ganz und gar, in seinem gesamten Sein, im Psychischen, seiner Angst ein Ende setzt.

Es geht also nicht darum, von der Angst frei zu sein oder ihr zu widerstehen, sondern allein darum, Wesen und Struktur der Angst in ihrer Gesamtheit zu *verstehen*. Das heißt für uns: alles über sie zu lernen, sie zu beobachten, unmittelbaren Kontakt mit ihr aufzunehmen. Wir müssen lernen, was Angst ist, nicht wie wir ihr entfliehen können, nicht wie wir ihr mit noch soviel Tapferkeit widerstehen können. Wir müssen lernen! Was bedeutet denn nun aber »lernen«? Ganz sicher ist damit nicht eine Ansammlung von Kenntnissen über die Angst gemeint. Es würde ziemlich nutzlos sein, in diese Frage überhaupt einzusteigen, ehe Sie das nicht völlig begriffen haben. Wir meinen gewöhnlich, Lernen sei die Aufhäufung von Kenntnissen; wollten wir also Italienisch lernen, dann müßten wir Vokabeln, Grammatik, Satzbau und all so etwas speichern, und wenn wir all diese Kenntnisse gesammelt hätten, dann wären wir imstande, diese Sprache wirklich zu sprechen. Also zuerst die Ansammlung von Kenntnissen und dann die Praxis; das kostet Zeit. Wir hingegen sagen, daß solch eine Kenntnissammlung kein Lernen ist. »Lernen« steht immer im aktiven Präsens, es ist nie das Resultat einer vorhergehenden Aufspeicherung von Wissen. Lernen ist ein Vorgang, ein Tun, und geschieht immer in der Gegenwart. Die meisten unter uns haben die Vorstellung übernommen, zuerst müsse man Kenntnisse, Informationen, Erfahrungen sammeln und von da aus dann aktiv werden. Wir aber sagen etwas gänzlich anderes: Kenntnisse, Wissen, das liegt immer schon in der Vergangenheit, so daß, wenn Sie daraufhin tätig werden, Ihre Tätigkeit von der Vergangenheit bestimmt wird. Wir sagen, daß Lernen im Tun geschieht und daher niemals auf einer vorausgegangenen Ansammlung von Kenntnissen gründen kann.

Das Lernen über die Angst findet in der Gegenwart statt, es ist immer frisch und neu. Wenn ich mich mit zuvor erworbenen Kenntnissen, Erinnerungen und Assoziationen auf die Suche nach der Angst begebe, stehe ich ihr nie direkt gegenüber und werde daher nichts über sie lernen können. Das kann ich eben nur dann, wenn mein Geist frisch und unvoreingenommen ist. Und da liegt unsere

Schwierigkeit: Wir gehen an die Angst immer nur mit all unseren Assoziationen, Erinnerungen, Erlebnissen und Erfahrungen bewaffnet heran und hindern uns, sie wie zum ersten Mal anzuschauen und etwas Neues über sie zu lernen.

Nun gibt es mancherlei Ängste: die Angst vor dem Tod, die Angst vor der Dunkelheit, die Angst vor dem Verlust des Arbeitsplatzes, die Angst vor dem Ehemann oder der Ehefrau, die Angst vor der Ungesichertheit, die Angst vor dem Versagen, die Angst davor, nicht geliebt zu werden, die Angst vor der Einsamkeit, die Angst vor der Erfolglosigkeit. Sind aber diese vielen Ängste nicht Ausdruck der einen zentralen Angst? So daß wir uns zu fragen haben: Wollen wir uns mit einer dieser einzelnen Ängste beschäftigen, oder mit Angst selbst?

Gewiß möchten wir das Wesen der Angst begreifen lernen und nicht, wie die Angst in der einen oder anderen Weise zum Ausdruck kommt. Denn nur wenn wir die eigentliche, zentrale Angst angehen, werden wir auch fähig sein, eine unserer einzelnen Ängste aufzulösen oder doch etwas in der Richtung zu unternehmen. Sie sollten also jetzt nicht eine Ihrer speziellen Ängste herausgreifen und sich vornehmen, sie zu beseitigen; gehen Sie daran, Wesen und Struktur der Angst selbst zu begreifen, denn dann werden Sie auch imstande sein, sich mit Ihren speziellen Ängsten zu befassen.

Sehen Sie doch, wie wichtig es ist, daß unser Geist sich in einem völlig angstfreien Zustand befindet. Denn wo Angst ist, da ist Finsternis, der Geist wird dumpf und sucht sich, um dem zu entgehen, alle möglichen Ausflüchte und Anregungen durch Unterhaltung – sei es in der Kirche oder auf dem Fußballplatz oder vor dem Fernseher. Solch ein Geist ist furchtsam, keiner Klarheit mehr fähig und außerstande zu erfassen, was Liebe bedeutet. Vielleicht weiß er noch, was Lust ist, aber bestimmt weiß er nicht, was es bedeutet, zu lieben. Angst ist zerstörerisch und entstellt den Geist bis zur Häßlichkeit.

Nun gibt es eine physische und eine psychische Angst. So gibt es die physische Angst vor einer Gefahr – etwa auf eine Giftschlange zu stoßen oder plötzlich vor einem Abgrund zu stehen. Ist aber solch eine Angst, also die physische Angst vor dem Auftreten einer Gefahr, nicht einfach Intelligenz? Da taucht ein Abgrund vor mir auf –

ich sehe ihn, reagiere sofort und gehe nicht näher heran. Ist diese Angst nicht Intelligenz, die mir rät: »Sei vorsichtig, hier ist eine Gefahr!«? Diese Intelligenz ist mit der Zeit angesammelt worden, andere haben noch dazu beigetragen, meine Mutter oder ein Freund haben mich gelehrt: »Sei vorsichtig, da ist ein Abgrund!« So daß in dieser physischen Art von Angst Erinnerung und Intelligenz zur gleichen Zeit am Werke sind. Dann gibt es die psychische Angst vor der physischen Angst, die ich ausgestanden habe, also etwa als ich krank war und große Schmerzen zu ertragen hatte. Dieses rein physische Phänomen, daß wir Schmerzen haben, verschafft uns die psychische Angst davor, das, selbst wenn es tatsächlich schon längst vorbei ist, noch einmal durchmachen zu müssen. Können wir diese psychische Angst verstehen als das, was sie ist, so daß sie nie mehr entsteht? Ich habe einmal Schmerzen erlitten – wie es ja fast allen unter uns widerfährt –, das war letzte Woche oder vor einem Jahr. Die Schmerzen waren so quälend, daß ich sie nicht noch einmal erleben möchte und der bloße Gedanke, sie könnten noch einmal auftreten, mir Angst macht. Was ist da passiert? Bitte denken Sie jetzt genau mit! Da ist die Erinnerung an die Schmerzen, und das Denken sagt: »Laß das nicht noch einmal geschehen, sei vorsichtig!« An die erlittenen Schmerzen zu denken erzeugt die Angst vor ihrem Wiederauftreten, das Denken hat sich selber die Angst auferlegt. Es ist eine spezielle Form der Angst: die Angst vor der Wiederkehr der Krankheit mit ihren Schmerzen.

Aber da sind auch noch andere Arten psychischer Ängste, die aus dem Denken stammen: die Angst vor dem, was der Nachbar sagen könnte, die Angst davor, nicht höchsten gesellschaftlichen Ansprüchen zu genügen und Achtung einzuflößen, die Angst davor, nicht der allgemein anerkannten Moral – die ja eigentlich Unmoral ist – zu entsprechen, die Angst vor dem Verlust des Arbeitsplatzes, die Angst vor der Einsamkeit, die Angst vor dem Kummer – der Kummer selbst ist schon Angst –, vor all diesen Produkten eines Lebens, das auf Denken gegründet ist.

Nun sind da nicht nur die bewußten Ängste, sondern auch die noch darunterliegenden, in unserer Psyche, in den tiefsten Schichten unseres Geistes verborgenen Ängste. Mit den uns bewußten Ängsten mögen wir es ja noch aufnehmen, mit den tiefen, verborgenen Ängsten hingegen ist das weit schwieriger. Wie kann ich diese unbewußten, tiefen, verborgenen Ängste an die Oberfläche heraufholen und zugänglich machen? Kann der bewußte Geist das? Kann der bewußte Geist mit seinem aktiven Denken das Unbewußte, das Verborgene aufdecken? (Wir verwenden den Begriff »unbewußt« hier nicht im technischen Sinne; sich der verborgenen Schichten nicht bewußt zu sein, sie nicht zu kennen – das ist alles, was wir meinen.) Kann der bewußte Geist, der Geist, der darauf trainiert worden ist, sich den Erfordernissen des Überlebens anzupassen, mit den Dingen zurechtzukommen, so wie sie sind – und Sie wissen ja, wie listenreich der bewußte Geist ist –, kann der bewußte Geist je den gesamten Gehalt des Unbewußten aufdecken? Ich glaube nicht, daß er das kann. Vielleicht vermag er eine Schicht aufzudecken und sie seiner Bedingtheit gemäß in seine Sprache zu übertragen. Allerdings würde der bewußte Geist gerade durch eine solche seiner Bedingtheit gemäße Übertragung nur noch mehr beeinträchtigt und nur noch unfähiger gemacht, weitere Schichten vollständig zu erforschen.

Wir sehen also, mit welch außerordentlichen Schwierigkeiten jeder bewußte Ansatz, die tieferen Inhalte des Geistes zu erforschen, wird rechnen müssen, ehe der oberflächengebundene Geist nicht vollkommen frei von aller Bedingtheit, allen Vorurteilen, allen Ängsten ist – andernfalls ist er unfähig, etwas zu erkennen. Wir spüren, daß dies ganz außerordentlich schwierig sein dürfte, wahrscheinlich sogar vollkommen unmöglich. So daß wir uns nun fragen: Gibt es nicht noch einen anderen, davon gänzlich verschiedenen Weg?

Kann sich der Geist durch eine Analyse aller Ängste entledigen, durch Selbstanalyse oder eine fachlich qualifizierte Analyse? Diese Frage hängt mit einer anderen zusammen: Wenn ich mich selber analysiere, in mich selber hineinschaue, Schicht um Schicht, dann gehört dazu, daß ich prüfe, urteile, bewerte, daß ich sage: »Dies ist richtig, jenes verkehrt, dies werde ich beibehalten, jenes nicht.« Wenn ich so analysiere, muß ich mich dann nicht von dem, was ich analysiere, unterscheiden? Die Antwort darauf kann nur ein jeder für sich finden, jeder muß selber erkennen, wo hier die Wahrheit liegt. Ist der Analytiker von dem, was er analysiert, zu unterscheiden? Nehmen wir als Beispiel die Eifersucht. Er ist nicht davon zu unterscheiden, er selber ist vielmehr die Eifersucht; dennoch aber versucht er, sich von seiner Eifersucht abzusetzen, als unabhängiges Wesen aufzutreten, das sagen kann:»Ich will mir diese Eifersucht anschauen, will sie mir vom Hals schaffen oder doch Kontakt mit ihr aufnehmen!« Nur daß eben die Eifersucht und der Analytiker in Wirklichkeit zusammengehören, wie zwei Teile einer Wesenheit.

Ferner ist für jede Analyse Zeit erforderlich, kostet es doch viele Tage oder gar Jahre, sich zu analysieren. Nach Ablauf all dieser Zeit bin ich meine Ängste dann immer noch nicht losgeworden. Die Analyse ist kein sinnvoller Weg. Jede Analyse kostet eine Menge Zeit. Wenn Ihr Haus brennt, würden Sie sich ja wohl nicht hinsetzen und zu analysieren beginnen oder zu einem Fachmann gehen und ihn bitten:»Erzählen Sie mir alles über mich« – Sie müßten handeln! Analyse ist schließlich auch nichts weiter als eine Ausflucht, ein Ergebnis unserer Trägheit und Unfähigkeit. (Für einen Neurotiker mag es richtig sein, einen Analytiker aufzusuchen, obschon er von seiner Neurose damit wohl kaum gänzlich geheilt sein dürfte. Aber das ist eine andere Frage.)

Eine Analyse des Unbewußten durch das Bewußte ist kein Weg. Der Geist kann das erkennen und sich sagen:»Ich werde überhaupt nicht mehr analysieren, ich habe eingesehen, wie sinnlos das ist. Ich werde der Angst überhaupt nicht mehr widerstehen!« Begreifen Sie, was mit dem Geist geschehen ist? Wenn er sich von dem traditionellen Ansatz losgesagt hat, vom Ansatz der Analyse, des Widerstands, des Zeitaufwands, was ist dann mit dem Geist geschehen? Der Geist ist außerordentlich scharf geworden. Der Geist wurde durch die Notwendigkeit des Beobachtens außerordentlich intensiv, scharf, lebendig. Er fragt sich jetzt: Gibt es denn keinen anderen Ansatz zur Aufdeckung all dessen, was in mir ist, der Vergangenheit, des Erbes meiner Rasse, meiner Familientradition, der lastenden kulturellen und religiösen Überlieferungen, diesen Produkten aus zweitausend oder gar zehntausend Jahren? Kann der Geist von all dem frei werden, kann der Geist all das abtun und damit aller Angst ledig werden?

So stehen wir nun vor diesem Problem, das ein geschärfter Geist – ein Geist, der jede Art von Analyse, die unweigerlich Zeit benötigt und für die es daher kein wirkliches Morgen geben kann, beiseite gelegt hat – vollständig und unverzüglich lösen muß. Da gibt es kein

Ideal; da geht es nicht mehr um irgendeine Zukunft, um dieses »Einmal werde ich schon davon frei sein«. Da ist der Geist *jetzt* im Zustand einer *vollkommenen Aufmerksamkeit*. Er sucht keine Ausflüchte mehr, er erdenkt sich keinen Zeitablauf mehr, der das Problem lösen könnte, er greift nicht mehr zur Analyse, nicht mehr zum Widerstand. Und damit hat der Geist eine völlig neue Qualität. Die Psychologen sagen uns, wir müßten träumen, sonst würden wir verrückt werden. Ich frage mich: »Was hätte ich davon, zu träumen?« Gibt es denn keine Möglichkeit, mein Leben so zu führen, daß ich überhaupt nicht zu träumen brauche? Denn dann, wenn ich überhaupt nicht zu träumen brauche, kann der Geist wirklich zur Ruhe kommen. Er ist den ganzen Tag über aktiv gewesen, er hat achtgegeben, zugehört, gefragt, hat die Schönheit einer Wolke, eines schönen Antlitzes, eines Gewässers wahrgenommen, hat die Bewegtheit des Lebens erlebt und was nicht noch alles – er hat aufgenommen und aufgenommen; und wenn er nun in den Schlaf sinkt, braucht er völlige Ruhe, wenn er nicht beim Erwachen immer noch müde, immer noch alt sein soll.

So müssen wir uns fragen, wie wir eine Möglichkeit finden, überhaupt nicht zu träumen, damit unser Geist während der Schlafenszeit wirklich ausruhen und neue Qualitäten gewinnen kann, zu denen er beim Wachsein nicht zu kommen vermag? Das wird nur dann möglich sein – und das ist eine Tatsache, keine Vermutung, keine Theorie, keine Erfindung oder Hoffnung –, wenn Sie den Tag über wirklich wach sind und auf jede Motivation, jeden Wink, jeden Hinweis, der von dem kommt, was tief im Innern ist, achthaben, ob Sie nun plaudern oder spazierengehen, ob Sie nun jemandem zuhören oder Ihren eigenen Ehrgeiz oder Ihre eigene Eifersucht beobachten, ob Sie nun Ihre Reaktion auf die Sprüche von der »Größe unserer Nation« beobachten oder ein Buch lesen, in dem behauptet wird: »Ihre Glaubensüberzeugungen sind Unsinn«, damit Sie sehen, was es heißt zu glauben. In unseren wachen Stunden heißt es also wirklich wach zu sein, sei es, daß Sie gerade im Bus sitzen, mit Ihrer Frau, Ihren Kindern, Ihrem Freund reden, sei es, daß Sie gerade rauchen – warum rauchen Sie eigentlich? –, sei es, daß Sie gerade einen Krimi lesen – warum lesen Sie es? –, sei es, daß Sie gerade ins Kino gehen – und warum?, wegen der Spannung, wegen des Sex? Wenn Sie einen schönen Baum oder die Bewegung einer Wolke erblicken, wie sie am Himmel entlangzieht, wenn Sie sich völlig dessen bewußt sind, was da um Sie her und in Ihnen geschieht, dann werden Sie erleben, daß Sie nicht zu träumen brauchen, und daß Ihr Geist beim Erwachen voller Frische, Intensität und Lebendigkeit ist.

Paris, 13. April 1969

8. Das Transzendente

In die Wirklichkeit eindringen?
Die Tradition der Meditation.
Die Wirklichkeit und der zur Ruhe gekommene Geist.

Wir haben schon mehrfach von dem Chaos in dieser Welt gesprochen, von der maßlosen Gewalt und der Wirrnis, die außen und ebenso in unserem Innern herrscht. Wir haben festgestellt, daß Gewalt aus der Angst resultiert, und haben uns deswegen mit der Angst beschäftigt. Und nun meine ich, wir sollten uns einer Frage zuwenden, die den meisten unter uns ein wenig fremdartig vorkommen mag, die aber bedacht zu werden verdient und nicht einfach mit der Behauptung abzutun ist, dabei handele es sich um eine bloße Illusion, ein Phantasiegebilde oder so etwas Ähnliches.

Zu allen Zeiten hat der Mensch – aus der Erkenntnis heraus, wie kurz sein Leben ist, voller Unfälle und Sorgen, überschattet vom unausweichlichen Tode – einen Gedanken formuliert, dem er den Namen ›Gott‹ gab. Er hatte erkennen müssen – ebenso wie es auch uns heute ergeht –, wie flüchtig sein Leben ist, und es verlangte ihn danach, etwas unendlich Großes, über alles Hinausreichendes erfahren zu können, etwas, das nicht von seinem eigenen Geist oder Gefühl konstruiert ist. Er wünschte, eine ganz andere Welt erfahren zu können, einen Weg zu ihr aufzuspüren; in eine Welt, die diese unsere Welt transzendiert, die jenseits allen Elends und aller Qualen liegt. Und er hoffte, diese transzendente Welt durch eifriges Suchen ausfindig machen zu können. Unsere Aufgabe nun sollte es sein, uns der Frage zu stellen, ob eine Wirklichkeit von völlig anderer Dimension tatsächlich existiert oder nicht – wobei es nicht darauf ankommt, welchen Namen sie trägt. Um dieser Frage auf den Grund zu gehen, ist es allerdings nicht damit getan, sie lediglich auf der verbalen Ebene abzuhandeln – ist doch die Beschreibung nie das Beschriebene, das Wort nie die Sache. Können wir in das Mysterium eindringen – einmal angenommen, es gäbe so etwas –, in das die Menschen seit alters hineingelangen wollten, das sie in Anspruch zu nehmen versuchten, das sie herbeiflehten, an das sie glaubten, das sie anbeteten, dessen Verehrer sie wurden?

Da das Leben ist, wie es ist – fast belanglos, leer, eine quälende Angelegenheit ohne rechten Sinn –, versuchen wir, eine Bedeutsamkeit dafür zu erfinden, ihm einen Sinn zu verleihen. Wenn wir das nötige Talent dazu haben, denn bauen wir uns aus den Motivationen und den Ergebnissen dieser unserer Erfindung ein ordentlich komplexes Gebilde zusammen. Vermögen wir nun die Schönheit, die Liebe oder die Empfindung der Unermeßlichkeit nicht zu finden, werden wir rasch zu Zynikern, die an gar nichts mehr glauben. Wir erkennen, wie absurd, illusorisch und zwecklos es ist, einfach eine Ideologie, eine Formel zu erfinden und zu behaupten, es gebe Gott oder es gebe ihn nicht, während das Leben nach wie vor vollkommen sinnlos ist – und so ist unser Leben ja wirklich: es hat keinen Sinn. Also lassen Sie uns doch damit aufhören, einen Sinn zu erfinden.

Wenn wir uns statt dessen aufmachten und selber herauszufinden versuchten, ob es eine andere Wirklichkeit gibt, die nicht bloß eine Erfindung unseres Verstandes oder unseres Gefühls, nicht bloß eine Ausflucht ist oder ob es sie nicht gibt? Zu allen Zeiten haben die Menschen behauptet, es gäbe eine solche Wirklichkeit, auf die man sich vorbereiten müsse, für die man gewisse Dinge zu tun habe: Man müsse sich disziplinieren, jeder Art von Versuchung widerstehen, sich Regeln unterwerfen, den Sex kontrollieren, sich den von der religiösen Autorität, von den Heiligen oder wem auch immer aufgestellten Verhaltensmustern fügen; oder man müsse der Welt entsagen, sich in ein Kloster zurückziehen, in irgendeine Höhle, wo man meditieren könne, wo man alleine wäre und jeder Versuchung fern. Es dürfte sich von selbst verstehen, wie absurd derartige Bemühungen sind, wie unsinnig es ist, der Welt, dem »was ist«, dem Leiden, der Verwirrtheit, all dem, was der Mensch in den Wissenschaften zustande gebracht hat, entkommen zu wollen. Und was die Theologien angeht: Es ist deutlich, daß wir uns aller Theologien und Glaubenslehren entledigen müssen. Sobald wir nämlich jede Form von Glaubensüberzeugung ablegen, sind wir auch ohne alle Angst.

Im Wissen, daß die gesellschaftliche Moral keine Moral, sondern Unmoral ist, wird uns klar, daß wir – aus uns selbst – ganz außerordentlich moralisch sein müssen, denn schließlich ist Moral einfach das Schaffen von Ordnung in unserem Innern und in unserer Umgebung. Eine solche Moral muß jedoch ausgeübt werden, darf nicht nur eine Moral der Ideen oder Begriffe, sondern muß wirkliches moralisches Verhalten sein.

Ist es möglich, sich selbst zu disziplinieren, auch ohne Verdrängung, Kontrolle und Ausflucht? Die ursprüngliche Bedeutung des Wortes »Disziplin« ist »Lernen«, nicht: sich fügen, sich belehren lassen, nachahmen, sich zwingen, sondern lernen. Und Lernen erfordert Disziplin, eine Disziplin allerdings, die nicht von außen auferlegt ist, die sich nicht irgendeiner Ideologie unterwirft, die nicht die strikte Enthaltsamkeit des Mönches ist. Doch ohne eine tiefe Ernsthaftigkeit führt unser Verhalten im täglichen Leben zu Unordnung. Wir sehen, wie wesentlich es ist, in uns selber vollständige Ordnung zu haben, ähnlich einer mathematischen Ordnung, nicht eine relative, nicht eine verhältnismäßige, nicht eine von äußeren Einflüssen bewirkte Ordnung. Wir müssen zu einem Verhalten finden, das rechtschaffen ist, damit der Geist sich in vollkommener Ordnung befindet. Ein Geist nämlich, der gequält, frustriert, außengesteuert, an die allgemeine Moral angepaßt ist, der muß ja in sich verworren sein. Und ein verworrener Geist ist nicht imstande zu entdecken, was wahr ist.

Wenn der Geist jenes unbekannte Mysterium – angenommen, es gäbe so etwas – je entschlüsseln will, dann muß er zuvor den Grund dazu legen: er muß ein Verhalten erlernen, eine Moral, die nicht die in unserer Gesellschaft geltende ist, eine Moral, die völlig ohne Ängste auskommt, eine Moral, die wirklich von Freiheit bestimmt ist. Nur dann nämlich, wenn ein solch fester Grund gelegt ist, kann der Geist imstande sein herauszufinden, was Meditation ist, diese Qualität der Stille, der Beobachtung, in der die Selbständigkeit des »Beobachters« aufhört. Beruht unser Leben nicht auf rechtschaffenem Verhalten und Tun, dann wird die Meditation darin kaum eine Bedeutung gewinnen.

Im Orient gibt es die vielen Schulen, Systeme und Methoden der Meditation – Zen, Yoga und andere –, die in den Westen gebracht worden sind. Wir müssen sehr klar erkennen, daß damit suggeriert wird, unser Geist könne mittels einer Methode, eines Systems, durch das Nachvollziehen eines bestimmten Musters oder einer bestimmten Überlieferung zu jener Realität vorstoßen. Wir können sehen, wie absurd das alles ist, sei es aus dem Osten importiert oder hier erfunden. »Methode« meint immer auch Anpassung und Wiederholung; dazu gehört jemand, der eine gewisse Erleuchtung erlangt hat und uns sagt: Tue dies, lasse jenes. Und wir, die ein solches Verlangen nach jener Realität haben, wir folgen, wir fügen uns, wir gehorchen, wir praktizieren genau das, was man uns sagt, Tag für Tag, wie Maschinen. Ein abgestumpfter, unempfindlich gewordener Geist, dem keine besonders hohe Intelligenz zu eigen ist, der kann solch eine Methode endlos praktizieren. So wird er immer abgestumpfter, immer dümmer. Er wird seine Art von »Erfahrungen« machen, innerhalb des engen Feldes seiner eigenen Konditionierung.

Vielleicht sind einige unter Ihnen gar gen Osten gereist, um dort die Kunst der Meditation zu studieren. Dort beruht sie auf einer langen Tradition. In Indien und in ganz Asien hat sie sich in früheren Zeiten geradezu explosiv entwickelt. Diese Tradition nimmt unseren Geist auch heute noch gefangen. Endlos sind Bücher darüber geschrieben worden. Doch ist jede Art von Tradition – eine Übertragung aus der Vergangenheit –, die dazu dienen soll, die ganz große Wirklichkeit zu entdecken, ohne Frage nichts als verlorene Liebesmüh'. Der Geist muß von jeder Art geistiger Tradition und Sanktionsdrohung frei sein, sonst wird er die höchste Form seiner Intelligenz völlig verlieren.

Was ist denn Meditation, wenn es nicht die traditionell vermittelte ist? Und traditionell kann sie nicht sein, niemand kann Sie belehren, Sie können nicht einem ganz speziellen Weg folgen mit der Aussicht: »Auf diesem Weg werde ich lernen, was Meditation ist.« Mit Meditation ist eigentlich gemeint, daß unser Geist völlig ruhig wird; wirklich zur Ruhe kommt, nicht nur auf der Ebene des Bewußtseins, sondern auch auf den tieferliegenden, verborgenen Ebenen; so vollkommen ruhig, daß das Denken schweigt und nicht mehr überall herumwandert. Eine der überlieferten Meditationslehren, der traditionelle Ansatz, den wir hier besprechen, besagt, daß unser Denken unter Kontrolle gebracht werden muß. Tatsächlich aber muß genau das gänzlich verworfen werden; und um es verwerfen zu können, muß es ganz genau angeschaut werden, ganz objektiv und ganz emotionslos.

Die östliche Tradition will uns lehren, wir bedürften eines Guru, eines Lehrers, der uns zur Meditation verhilft, der uns sagt, was wir zu tun und zu lassen haben. Der Westen wiederum hat dazu seine eigene Tradition entwickelt, da wird von Gebet, Kontemplation und Bekenntnis gesprochen. Im Prinzip aber geht es immer darum, daß jemand anderes Bescheid weiß und Sie nicht, daß der Wissende Sie lehren wird, Ihnen die Erleuchtung verschaffen wird; es geht immer um eine Autorität, um einen Meister, einen Guru, einen Heiland, um den Sohn Gottes oder was sonst noch. Die wissen Bescheid und Sie nicht; die sagen: folge meiner Methode, meinem System, tue das Tag um Tag, übe es ein, dann wirst du schließlich – wenn du Glück hast – ans Ziel gelangen! Was also bedeutet, daß Sie den ganzen Tag mit sich selber zu kämpfen haben, daß Sie versuchen müssen, sich einem Verhaltensmuster, einem verordneten System zu unterwerfen, daß Sie Ihre Wünsche und Vorlieben, Ihren Neid, Ihre Eifersüchte, Ihren Ehrgeiz unterdrücken müssen. Und so werden Sie in den Konflikt getrieben zwischen dem, was Sie sind und dem, was Sie, diesem System zufolge, sein sollten. Auf jeden Fall müßten Sie sich einer Anstrengung unterziehen. Ein Geist jedoch, der eine Anstrengung unternimmt, kann niemals wirklich ruhig sein; durch Anstrengungen kann unser Geist niemals zur völligen Stille gelangen.

Die Tradition lehrt uns ferner, wir müßten uns konzentrieren, um unser Denken unter Kontrolle zu bringen. Nur daß sich zu konzentrieren nichts anderes bedeutet, als Widerstand zu leisten, eine Mauer um sich herum zu errichten, eine alles andere ausschließende Ausrichtung auf eine Idee, ein Prinzip, ein Bild oder was Sie wollen zu verteidigen. Die Tradition lehrt: Da mußt du durch, um das zu finden, was du finden möchtest! Die Tradition erklärt uns noch dazu, wir dürften keinen Sex haben, wir müßten dieser Welt entsagen, so wie es all die Heiligen – alles mehr oder weniger Neurotiker – immer schon gelehrt haben. Wenn Sie all dessen gewahr werden, nicht nur verbal oder intellektuell, nein, so wie es ist, mit allem, was damit zusammenhängt, dann werden Sie es vollständig verwerfen – was Sie allerdings nur zuwege bringen können, wenn Sie nicht daran hängen, wenn Sie es vielmehr objektiv zu betrachten lernen. Wir müssen es tatsächlich völlig von uns abtun, weil unser Geist nur so frei werden kann und damit intelligent, achtsam und nicht länger jeder Illusion ausgesetzt, die ihn gefangennehmen möchte.

Um im wahrsten Sinne des Wortes meditieren zu können, müssen wir tugendhaft, moralisch sein; gewiß nicht im Sinne einer vorgegebenen, etwa der allgemein gesellschaftlich anerkannten Moral, nein, im Sinne einer Moral, die sich ganz natürlich, unvermeidlich, ohne Krampf, sozusagen von selber einstellt, wenn Sie anfangen, sich selber zu verstehen, wenn Sie sich Ihrer Gedanken, Ihrer Gefühle, Ihrer Aktivitäten, Ihrer Vorlieben, Ihrer Ambitionen und all dessen bewußt werden, und das ohne jede Vorauswahl, lediglich im Beobachten. Diesem Bestreben entspringt rechtes Handeln, das dann nichts mit Anpassung gemein hat oder mit der Orientierung an einem Ideal zu tun hat. Nur dann, wenn dieses tief in uns verwurzelt ist, mit all seiner Schönheit und seinem Ernst, der auch nicht eine Spur von Strenge an sich hat – Strenge gibt es nämlich nur, wo Anstrengung ist –; nur wenn wir alle Systeme, alle Methoden, alle Versprechungen betrachtet und objektiv, also nicht unseren Vorlieben oder Abneigungen gemäß geprüft haben, nur dann werden wir sie alle ablegen und damit unserem Geist die Möglichkeit eröffnen, von allem Vergangenen frei zu sein. Erst dann sollten Sie sich der Frage danach zuwenden, was Meditation wirklich ist.

Wenn Sie nicht wirklich den rechten Grund gelegt haben, dann können Sie weiter mit der Meditation spielen, nur ist das sinnlos. Das ist so wie mit den Leuten, die gen Osten ziehen, sich dort irgendeinen Lehrer suchen, der sie anweist, wie sie zu sitzen, wie sie zu atmen, wie sie dies oder jenes zu tun haben, und die dann wieder nach Hause kommen und ein Buch darüber schreiben – alles schierer Unsinn. Jeder muß sein eigener Lehrer und sein eigener Schüler sein, keine andere Autorität wird da etwas nützen, nur das eigene Verstehen.

Verstehen ist nur da möglich, wo Beobachtung geschieht, bei der nicht mehr der Beobachter im Mittelpunkt steht. Haben Sie je beobachtet, beachtet, herauszufinden versucht, was Verstehen ist? Verstehen ist kein intellektueller Vorgang; Verstehen ist keine Intuition, kein Gefühl. Wenn jemand sagen kann: »Ich verstehe etwas mit aller Klarheit«, dann ist da Beobachtung aus einer vollkommenen Stille heraus am Werk – nur so nämlich ereignet sich Verstehen. Wenn Sie sagen: »Jetzt verstehe ich es«, dann ist damit gemeint, daß Ihr Geist in großer Ruhe zuhört, ohne Zustimmung oder Ablehnung, völlig dem Lauschen hingegeben. Nur dann kann es wirkliches Verstehen geben, ein Verstehen, das zugleich Handeln ist. Es ist nämlich nicht so, als sei da zunächst nur das Verstehen, und das Handeln folge erst später; beides geschieht vielmehr gleichzeitig, in einer einzigen Bewegung.

Mit Meditation – diesem von der Tradition so schwer belasteten Begriff – ist also gemeint, daß unser Geist und unser Gehirn ohne Anstrengung, ohne jeden Zwang ihre höchste Leistungsfähigkeit erreichen, die äußerste Verstandeskraft und die tiefste Empfindsamkeit. Das Gehirn kommt zur Ruhe; dieser Speicher alles Vergangenen, in Millionen von Jahren so geworden, mit seiner ständigen, unablässigen Aktivität – das Gehirn kommt zur Ruhe!

Das Gehirn, das doch derart darauf festgelegt zu sein scheint, jederzeit zu reagieren, noch auf den kleinsten Anreiz hin sogleich zu antworten, sollte es wirklich imstande sein, ruhig zu werden? Ja gewiß, sagen die Traditionalisten, durch rechtes Atmen, durch Bewußtseinstraining kann es ruhiggestellt werden. Wogegen wir sogleich fragen müssen: Wer ist es denn dann, der hier das Gehirn kontrolliert, trainiert, formt? Ist es nicht wieder einmal unser Denken, das sich hier vornimmt: »Ich als Beobachter werde jetzt das Gehirn unter Kontrolle bringen und dem Denken ein Ende setzen!«? Das Denken erzeugt den Denker.

Ist es dem Gehirn möglich, vollkommen ruhig zu sein? Es gehört zur Meditation, dies herauszufinden, nicht aber, gesagt zu bekommen, wie dies zu bewirken ist. Niemand kann uns sagen, wie dies zu machen ist. Kann Ihr Gehirn, so tiefgreifend geprägt durch die Kultur, durch alle Arten von Erfahrungen, kann Ihr Gehirn   Ergebnis einer weit zurückreichenden Entwicklung – so vollkommen ruhig sein? Denn sonst wird alles, was unser Gehirn erblickt und erfährt, von ihm entstellt, durch seine Konditionierung überprägt.

Welche Rolle spielt Schlaf in der Meditation und im Leben? Das ist eine recht interessante Frage. Wenn Sie sich selbst eingehender mit ihr beschäftigt haben, werden Sie vieles entdeckt haben. Träume – so sagten wir bereits beim letzten Gespräch – sind nicht notwendig. Wir sagten, der Geist, das Gehirn, muß den ganzen Tag über vollkommen achtsam sein – aufmerksam sein, sowohl für das innere wie für das äußere Geschehen –, sich der inneren Reaktionen auf die vom Äußeren hervorgerufenen Anspannungen bewußt sein, aufmerksam sein für die Andeutungen des Unbewußten – und dann am Ende des Tages muß es alles abschließend in Betracht ziehen. Wenn Sie nämlich nicht am Ende jeden Tages alles, was geschehen ist, abschließend betrachten, dann wird Ihr Gehirn in der Nacht arbeiten müssen, während Sie schlafen, um Ordnung bei sich zu schaffen – das ist offensichtlich. Haben Sie dies alles jedoch tagsüber getan, dann lernen Sie im Schlaf etwas völlig Andersartiges, Sie lernen in einer völlig anderen Dimension. Und das ist Teil der Meditation.

Es geht darum, das Fundament für ein Verhalten zu legen, dessen Handeln Liebe ist. Es geht darum, alle Traditionen zu verwerfen, so daß der Geist vollkommen frei und das Gehirn vollkommen ruhig ist. Wenn Sie sich in dies vertieft haben, werden Sie erkennen, daß das Gehirn tatsächlich ruhig sein kann, nicht mit Hilfe irgendeines Tricks, nicht durch das Einnehmen von Drogen, sondern durch diese zugleich aktive und passive Achtsamkeit während des Tages. Und wenn Sie am Ende des Tages Ihre Bestandsaufnahme aller Ereignisse gemacht und damit Ordnung geschaffen haben, dann wird Ihr Gehirn im Schlaf ruhig sein, während es mit einer andersartigen Bewegung lernt.

So ist dieser ganze Körper, das Gehirn, einfach alles, ruhig und ohne irgendeine Form der Verzerrung. Und falls es irgendeine Wirklichkeit gibt, dann wird nur ein solcher Geist imstande sein, sie wahrzunehmen. Sie kann nicht hergebeten werden, diese Unermeßlichkeit – falls es solche Unermeßlichkeiten gibt, falls es das Namenlose, das Transzendente, falls es so etwas gibt. Nur ein solcher Geist kann jene Wirklichkeit als Wahrheit oder als Täuschung erkennen.

Nun mögen Sie sagen: »Was hat das alles mit meinem Leben zu tun? Ich muß dieses alltägliche Leben bewältigen, muß zur Arbeit gehen, das Geschirr spülen, in überfüllten Bussen sitzen und all den Lärm ertragen – was hat die Meditation mit all dem zu tun?« Und tatsächlich ist Meditation das Verstehen des Lebens, des alltäglichen Lebens. Leben mit all seiner Vielfalt, seinem Elend, seinen Sorgen, seiner Einsamkeit, seiner Verzweiflung, seinem Drang nach Berühmtheit und Erfolg, seinen Ängsten, seinem Neid – eben das zu verstehen ist Meditation. Ohne dieses Verstehen muß jeder Versuch, das Mysterium zu finden, vollständig ins Leere gehen, gänzlich sinnlos sein. Das wäre, als wenn ein ungeordnetes Leben, ein ungeordneter Geist aus sich heraus eine mathematisch genaue Ordnung zu finden versuchte. Meditation hat es in jeder Beziehung mit dem Leben zu tun; sie hebt nicht ab auf einen Zustand bloßer Emotionen, bloßer Begeisterung. Gewiß gibt es wahre Begeisterung, die etwas anderes ist als Lust, aber eine solche Ekstase kann nur da entstehen, wo in uns diese mathematische, absolute Ordnung besteht. Meditation ist eine Weise, unser Leben zu führen, Tag für Tag – nur dann kann das ins Dasein treten, was unvergänglich ist, was keiner Zeit unterworfen ist.

[F]: Wer ist dieser Beobachter, der sich seiner eigenen Reaktionen bewußt ist? Was für eine Energie wird verwendet?

[K]: Haben Sie je irgend etwas betrachtet, ohne zu reagieren? Haben Sie je einen Baum angeschaut, ein Frauenantlitz, einen Berg, eine Wolke, das Glitzern des Lichtes auf dem Wasser, haben Sie es je einfach beobachtet, ohne es sogleich in Ihre Kategorie von Vorlieben und Abneigungen, von Lust und Schmerz zu übertragen – nur um es zu beobachten? Und haben Sie bei einer solchen Beobachtung, der Sie Ihre vollkommene Aufmerksamkeit widmen, einen Beobachter bemerkt? Tun Sie es, mein Herr, fragen Sie nicht mich – denn nur wenn Sie es selber tun, können Sie die Antwort finden. Beobachten Sie Ihre Reaktionen, ohne zu urteilen, ohne zu bewerten, ohne zu verdrehen, widmen Sie jeder Reaktion Ihre gesamte Aufmerksamkeit, dann werden Sie erkennen, daß es keinen Beobachter, keinen Denker, niemand gibt, der eigens die Erfahrungen macht.

Nun zu Ihrer zweiten Frage: Um etwas in uns selber zu ändern, eine Umwandlung, eine Revolution in der Psyche durchzuführen, was für eine Energie ist dazu aufzubringen? Und wo sollen wir diese Energie hernehmen? Gewiß, jetzt haben wir auch Energien, aber diese bestehen aus Spannung, Widersprüchen, Konflikten. Im Ringen zwischen unseren gegensätzlichen Wünschen, zwischen dem, was ich tun muß und dem, was ich tun sollte, wird eine große Menge an Energie verbraucht. Gäbe es überhaupt keine Widersprüche, dann hätten wir Energie im Überfluß. Betrachten Sie doch Ihr Leben, schauen Sie es sich einmal wirklich an: Es ist ein einziger Widerstreit. Sie möchten gerne friedfertig sein und hassen doch jemanden. Sie möchten gerne lieben und sind doch ehrgeizig. Diese Widersprüche bringen Konflikte, bringen Kampf hervor, und in diesem Kampf wird unsere Energie vergeudet. Gäbe es diese Widersprüche nicht, dann besäßen wir ein Höchstmaß an Energie, genug, uns zu verändern. Die Frage muß demnach lauten: Wie kann es gelingen, Widerspruch zwischen dem »Beobachter« und dem »Beobachteten«, zwischen dem »der Erfahrungen macht« und den »Erfahrungen«, zwischen Liebe und Haß zu haben? Wie ist es möglich, ohne diese Gegensätze zu leben? Ist das möglich, wenn Sie nur die Tatsachen sehen und sonst nichts – die Tatsache, daß Sie hassen, daß Sie gewalttätig sind und nicht das Gegenteil davon als Idee. Wenn Sie ängstlich sind, versuchen Sie sogleich das Gegenteil zu entwickeln: Mut als Widerstand, Widerspruch, Leistungsdruck und Überforderung. Wenn Sie aber ganz und gar verstünden, was Angst ist, statt in ihr Gegenteil auszuweichen, wenn Sie der Angst Ihre gesamte Aufmerksamkeit widmeten, dann würde sie nicht nur aufhören, in Ihnen ihr Wesen zu treiben, Sie würden darüber hinaus die nötige Energie gewinnen, ihr die Stirn zu bieten. Nun sagen allerdings die Traditionalisten: »Du mußt diese Energie haben, also halte dich fern vom Sex, sei nicht weltlich gesonnen, konzentriere dich, richte deinen Geist auf Gott, verlaß die Welt, laß dich nicht in Versuchung führen« – alles, um Energie zu gewinnen. Nur daß wir weiterhin Menschen sind, mit natürlichen Trieben, unseren brennenden sexuellen, biologischen Bedürfnissen, und nun sollen wir das auf einmal unter Kontrolle bringen, sollen uns Zwang antun und was nicht noch alles – und vergeuden damit doch nur Energien. Wenn wir aber mit den Tatsachen und nichts anderem leben – wenn wir ärgerlich sind und das begreifen ohne den Gedanken: »Wie werde ich meinen Ärger los«, wenn wir uns der Tatsache stellen, mit ihr leben, ihr unsere volle Aufmerksamkeit widmen –, dann werden wir spüren, wie wir Energie im Überfluß haben. Die Energie, die Ihren Geist und Ihr Herz offen hält, so daß Sie dann auch Liebe im Überfluß haben – keine Ideen von Liebe, keine Sentimentalitäten.

[F]: Was meinen Sie mit Ekstase? Können Sie das etwas näher beschreiben? Sie sagten ja wohl, Ekstase sei nicht gleichbedeutend mit Lust, Liebe sei nicht Lust.

[K]: Was Ekstase ist? Wenn Sie eine Wolke anschauen, das Licht in dieser Wolke, dann erfahren Sie Schönheit. Schönheit meint Leidenschaft. Um die Schönheit einer Wolke oder die Schönheit des Lichtes auf einem Baum wahrnehmen zu können, ist Leidenschaft vonnöten, ist Intensität vonnöten. Und in solcher Intensität, in solcher Leidenschaft gibt es keine Sentimentalitäten, keine Empfindungen von Mögen und Nicht-Mögen. Ekstase ist keine rein persönliche Angelegenheit, ist nicht nur Ihre oder meine, gerade so wie Liebe nicht nur Ihre oder meine ist. Die Lust ist Ihre oder meine. Ein meditativer Geist hat seine Ekstase, aber das läßt sich nicht beschreiben, läßt sich nicht in Worte fassen.

[F]: Würden Sie sagen, es gebe keine guten oder schlechten Reaktionen, alle Reaktionen seien gut – ist es das, was Sie sagen?

[K]: Nein, das möchte ich sicherlich nicht sagen! Ich habe gesagt, Sie sollten Ihre Reaktionen beobachten statt sie als gut oder schlecht einzustufen. Denn wenn Sie diese Einstufung vornehmen, dann schaffen Sie den Widerspruch. Haben Sie je Ihre Frau angeschaut – entschuldigen Sie, daß ich schon wieder damit komme –, ohne das Bild, das Sie von ihr haben, das Bild, das Sie sich in mehr als dreißig – oder wieviel – Jahren zusammengesetzt haben? Sie haben sich ein Bild von ihr gemacht, und sie hat sich ein Bild von Ihnen gemacht. Diese Bilder stehen in Beziehung miteinander. Sie und Ihre Frau hingegen stehen nicht in Beziehung miteinander. Solche Bilder treten dann auf, wenn Sie in Ihrer Beziehung nicht aufmerksam sind – diese Unaufmerksamkeit ist es, die Bilder erzeugt. Können Sie Ihre Frau anschauen ohne zu urteilen, zu bewerten, ohne ihr gleich recht oder unrecht zu geben, können Sie nicht Ihre Vorurteile einmal aus dem Weg räumen und einfach schauen? Dann würden Sie nämlich merken, wie aus solch einem Schauen ein völlig verändertes Verhalten erwächst.

Paris, 24. April 1969

Teil IV

9. Über die Gewalt

Was ist Gewalt?
Die psychischen Auflagen als Wurzel der Gewalt.
Die Notwendigkeit des aufmerksamen Beobachtens.
Unaufmerksamkeit.

[K]: Bei diesen Gesprächsabenden wollen wir uns vornehmen, schöpferisch aufmerksam zu sein, offen zu sein füreinander und darauf zu achten, wie wir reden und hören. Jeder von uns sollte zu allen Themen, die wir besprechen möchten, seinen Beitrag leisten können, freimütig, doch ohne grob zu werden, ohne uns gegenseitig Dummheit oder Intelligenz zu bescheinigen. So mag sich nun jeder an unseren Gesprächen beteiligen und sich zu allen Aspekten unserer Gesprächsgegenstände äußern. Die Aussage über etwas, in das wir uns einfühlen oder vertiefen, muß zum Ausdruck bringen, daß Neues wahrgenommen wird. Das ist es, was wir unter Kreativität verstehen: keine Wiederholung des Altbekannten, sondern der in Worte gefaßte Ausdruck von Neuem, das wir in uns selber entdecken. Dann werden diese Gespräche, so hoffe ich, der Mühe wert sein.

Erster Fragesteller: Könnten wir nicht noch gründlicher der Frage nach der Energie und ihrer Vergeudung nachgehen?

Zweiter Fragesteller: Sie haben über Gewalt gesprochen, über die Gewalt des Krieges, über die Gewalt in unserem Umgang mit anderen, über die unserem Denken und unserem Urteilen über andere innewohnende Gewalt. Wie steht es jedoch mit der Gewalt unseres Selbsterhaltungstriebes? Wenn mich ein Wolf angriffe, dann würde ich mich doch mit allen verfügbaren Kräften leidenschaftlich zur Wehr setzen. Kann es denn sein, daß wir in einem Teil unseres Wesens gewaltsam sind, in dem anderen dagegen nicht?

[K]: Hier wird vorgeschlagen, daß wir der Frage nach der Gewalt weiter nachgehen, einmal im Hinblick auf unsere Anpassung an eine bestimmte Gesellschaftsstruktur oder Moral, zum anderen im Hinblick auf unseren Selbsterhaltungstrieb. Wo liegt die Abgrenzung zwischen Selbsterhaltung, die manchmal Gewalt erfordern

mag, und den anderen Formen von Gewalt? Möchten Sie, daß wir darüber sprechen?

Publikum: Ja.

[K]: Dann möchte ich vorschlagen, daß wir zunächst über die verschiedenen Formen psychischer Gewalt sprechen und dann schauen, welchen Stellenwert unser Selbsterhaltungstrieb hat. Mich würde interessieren, wie Sie über die Gewalt denken. Was ist für Sie Gewalt?

Erster Teilnehmer: Sie ist eine Art von Selbstschutz.

Zweiter Teilnehmer: Sie ist eine Störung meiner Ruhe, meiner Ausgeglichenheit.

[K]: Was bedeutet Gewalt für Sie? Was empfinden Sie, wenn Sie das Wort hören? Was ist für Sie das Wesen der Gewalt?

Erster Teilnehmer: Sie ist Aggression.

Zweiter Teilnehmer: Wenn Sie frustriert sind, dann werden Sie gewalttätig.

Dritter Teilnehmer: Wenn einer es nicht schafft, etwas zustande zu bringen, dann wird er gewalttätig.

Vierter Teilnehmer: Haß, im Sinne von überwältigen wollen.

[K]: Und was bedeutet Gewalt für Sie?

Erster Teilnehmer: Ein Zeichen von Gefahr, wenn das »Ich« betroffen ist.

Zweiter Teilnehmer: Angst.

Dritter Teilnehmer: Mit der Gewalt fügen wir auf alle Fälle jemandem oder etwas Verletzungen zu, sei es geistig oder körperlich.

[K]: Kennen Sie die Gewalt deswegen, weil Sie die Gewaltlosigkeit kennengelernt haben? Wüßten Sie, was Gewalt ist, ohne von ihrem Gegenteil zu wissen? Erkennen Sie die Gewalt deswegen, weil Sie Situationen von Gewaltlosigkeit erlebt haben? Woher kennen Sie die Gewalt? Da wir aggressiv und konkurrenzsüchtig sind und da wir die Auswirkungen unseres gewaltgeladenen Verhaltens erkannt haben, konstruieren wir einen Zustand der Gewaltlosigkeit. Gäbe es dieses Gegenteil nicht, würden Sie dann wissen, was Gewalt ist?

Teilnehmer: Ich würde sie vielleicht nicht immer gleich etikettieren können, aber ich würde doch etwas spüren.

[K]: Ist dieses Gefühl tatsächlich vorhanden, oder kommt es deswegen auf, weil Sie die Gewalt kennen?

Teilnehmer: Ich meine, Gewalt verursacht uns Schmerzen, sie schafft ein ungutes Gefühl, das wir loswerden möchten. Das ist der Grund, warum wir gewaltlos sein möchten.

[K]: Ich weiß überhaupt nichts über die Gewalt, auch nicht über die Gewaltlosigkeit. Ich trete nicht mit irgendeinem Konzept oder Rezept an. Ich weiß wirklich nicht, was Gewalt bedeutet. Ich möchte es herausfinden.

Teilnehmer: Die Erfahrung, verletzt und attackiert worden zu sein, macht, daß man sich schützen möchte.

[K]: Ja, das begreife ich; das ist ja auch vorhin bereits vorgetragen worden. Nur bin ich immer noch dabei, herauszufinden, was Gewalt ist. Ich möchte das untersuchen, ich möchte das erforschen, ich möchte das an seinen Wurzeln packen, es verwandeln – verstehen Sie?

Teilnehmer: Gewalt ist Mangel an Liebe.

[K]: Wissen Sie, was Liebe ist?

Teilnehmer: Ich meine, all das geht von uns aus.

[K]: Ja, genau das ist es!

Teilnehmer: Die Gewalt geht von uns selber aus.

[K]: Das ist richtig. Nur möchte ich gerne herausfinden, ob sie von außen oder von innen kommt.

Teilnehmer: Sie ist eine Art Selbstschutz.

[K]: Lassen Sie uns bitte langsam vorgehen. Dies ist ein ernstes Problem, das die gesamte Welt betrifft.

Teilnehmer: Gewalt vernichtet große Teile meiner Energie.

[K]: Jeder hat über Gewalt und Gewaltlosigkeit geredet. Da gibt es welche, die sagen: »Du mußt die Gewalt ausleben«; aber wenn sie die Auswirkungen bemerken, sagen sie plötzlich: »Du mußt ein friedfertiges Leben führen.« Wir haben schon so vieles zu hören bekommen, aus Büchern, von Predigern, von Pädagogen und anderen. Ich möchte jetzt wirklich dahinterkommen, wie das Wesen der Gewalt herauszufinden ist, und welchen Stellenwert sie in unserem Leben hat. Woran kann es denn bloß liegen, daß wir so gewaltbereit, aggressiv, wettbewerbssüchtig sind? Hat Gewalt womöglich etwas mit Anpassung an ein – noch so edles – Verhaltensmuster zu tun? Hat sie zu tun mit einer selbstauferlegten oder von der Gesellschaft auferlegten Disziplin? Ist Gewalt gleichbedeutend mit inneren und äußeren Konflikten? Ich möchte bis zum Ursprung, bis zum

Ausgangspunkt der Gewalt vordringen. Sonst würde ich doch nur weiter daherreden. Ist es etwa ganz natürlich, im psychologischen Sinn gewaltsam zu sein? (Die physiopsychologischen Ebenen werden wir hernach noch behandeln.) Ist Gewalt in unserem Innern gleichbedeutend mit Aggressivität, Wut, Haß, mit Konflikten, Verdrängung und Anpassung? Und beruht die Anpassung auf unserer ständigen Anstrengung, etwas zu finden, etwas zu erreichen, jemand zu werden, irgendwo hinzugelangen, sich zu verwirklichen, etwas Besseres zu sein und was es da sonst noch gibt? Das alles gehört zum Bereich des Psychischen. Und wenn es uns nicht gelingt, hier ganz tief einzudringen, dann werden wir nie herausfinden, wie wir in unserem Leben eine wirkliche Veränderung zustande bringen können, durch die dann schließlich auch unser Selbsterhaltungstrieb den ihm gebührenden Stellenwert zugewiesen bekäme. Stimmt's? Lassen Sie uns doch hier ansetzen.

Was also ist Ihrer Meinung nach Gewalt – nicht begrifflich, nein tatsächlich, von innen her gesehen?

Erster Teilnehmer: Gewalt ist vergewaltigen, Auflagen machen.

Zweiter Teilnehmer: Und wie verhält es sich mit Ablehnung?

[K]: Lassen Sie uns zunächst von diesem Auferlegen, diesem Vergewaltigen dessen, »was ist«, sprechen. Nehmen wir an, ich wäre eifersüchtig und würde mir deshalb die Auflage machen: »Ich *darf nicht* eifersüchtig sein.« Eine solche Auflage, eine solche Vergewaltigung dessen, »was ist«, das ist Gewalt. Wir sollten hier in kleinen Schritten vorgehen, vielleicht ist ja mit dieser eben gemachten Feststellung die ganze Frage bereits abgedeckt. Das »was ist« ist immer in Bewegung, es ist nichts Statisches. Ich vergewaltige es, wenn ich ihm etwas auferlege, was meiner Meinung nach »sein sollte«.

[F]: Meinen Sie es so: Wenn ich Wut verspüre, dann denke ich mir, ich dürfte eigentlich nicht wütend sein, weswegen ich dann die Wut zurückhalte, statt sie herauszulassen – wäre das Gewalt? Oder wäre es Gewalt, wenn ich meine Wut äußerte?

[K]: Sehen Sie einmal genau hin: Ich bin also wütend, und um meine Wut herauszulassen, schlage ich Sie und löse damit die übliche Kette von Reaktionen aus: Sie schlagen zurück. Die Äußerung der Wut ist Gewalt. Würde ich andererseits meiner vorhandenen Wut den Zwang auferlegen, nicht wütend sein zu dürfen, wäre das nicht gleichfalls Gewalt?

[F]: Mit dieser sehr allgemeinen Definition könnte ich mich einverstanden erklären, nur die Auflage müßte schon den Charakter eines geradezu brutalen Zwanges haben, damit daraus Gewalt wird. Wenn Sie sich nach und nach etwas auferlegen, dann könnte man das doch nicht gewaltsam nennen.

[K]: Ich verstehe! Also wenn Sie sich die Auflage schön sanft, mit Fingerspitzengefühl machen, dann ist das keine Gewalt. Ich vergewaltige die Tatsache, daß ich hasse, indem ich sie nach und nach, mit Zartgefühl, unterdrücke. Das, so meint der Herr, wäre nicht gewaltsam. Tatsache ist jedoch in jedem Fall, ob Sie es nun gewaltsam oder sanft tun, daß Sie dem »was ist« etwas auferlegen. Stimmen wir darin mehr oder weniger überein?

[F]: Nein.

[K]: Dann wollen wir es weiter überprüfen! Ich habe, sagen wir einmal, den Ehrgeiz, der größte Dichter der Welt (oder was immer es sein mag) zu werden, und ich bin frustriert, weil ich das nicht schaffe. Diese Frustration, ja schon der Ehrgeiz an sich ist eine Form von Gewaltanwendung gegen die Tatsache, daß ich das nicht bin. Ich fühle mich frustriert, weil Sie etwas Besseres sind als ich. Sollte das nicht Gewalt hervorrufen?

Teilnehmer: Jedes gegen eine Person oder eine Sache gerichtete Handeln ist Gewalt.

[K]: Achten Sie aber bitte auf die hiermit verbundenen Schwierigkeiten! Da ist die Tatsache auf der einen Seite und die Vergewaltigung dieser Tatsache durch eine entgegengesetzte Aktion auf der anderen. Sagen wir zum Beispiel, ich mag die Russen nicht, oder die Deutschen, oder die Amerikaner, und ich dränge meine Ansicht, meine politische Einschätzung anderen auf: das wäre doch wohl eine Form von Gewalt. Wenn ich Ihnen etwas auferlege, dann ist das Gewalt. Wenn ich mich etwa mit Ihnen vergleiche (der Sie viel größer, viel intelligenter sind), dann tue ich mir selbst Gewalt an, nicht wahr?! So oder so: Ich bin gewaltsam. In der Schule wird »B« mit »A« verglichen, der viel bessere Arbeiten schreibt und die Prüfungen glänzend besteht. Der Lehrer sagt zu »B«: »So wie er müßtest du sein!« In diesem Vergleichen von »B« mit »A« steckt Gewalt; »B« wird kaputtgemacht. Sehen Sie, was hier vorgeht? Immer, wenn ich dem »was ist« ein »was sein sollte« (ein Ideal, die Perfektion, ein vorgefertigtes Bild und so weiter) auferlege, geschieht Gewalt.

Teilnehmer: Ich spüre, wie in mir immer dann, wenn ein Wider-
stand, eine Zerstörungsabsicht aufkommt, Gewalt am Werke ist,
aber zugleich spüre ich, wie ich dann, wenn ich keinen Widerstand
leiste, auch in der Gefahr stehe, mir Gewalt anzutun.

Zweiter Teilnehmer: Ist nicht diese Beschäftigung mit sich selber,
mit dem »Ich«, die eigentliche Wurzel aller Gewalt?

Dritter Teilnehmer: Nehmen wir an, ich nähme Sie hier beim Wort.
Nehmen wir an, ich haßte jemanden und möchte diesen Haß loswer-
den. Und dafür gäbe es zwei Ansätze: einen gewaltsamen und einen
gewaltlosen. Wenn Sie sich auferlegen, Ihren Haß loswerden zu
müssen, dann werden Sie sich Gewalt antun. Wenn Sie sich Zeit
nehmen, sich der Mühe unterziehen, Ihre Gefühle und den Grund
Ihres Hasses zu erkennen, dann werden Sie Ihren Haß nach und
nach überwinden. Dann würden Sie das Problem auf gewaltlosem
Wege gelöst haben.

[K]: Das ist ja soweit recht klar, meine ich. Nur daß wir jetzt gerade eben nicht herauszufinden versuchen, wie wir uns der Gewalt
entledigen könnten, auf gewaltsame oder gewaltlose Weise, sondern wie die Gewalt in uns aufkommen kann. Was ist die uns innewohnende Gewalt, psychisch gesehen?

[F]: Wenn wir uns etwas auferlegen, wird da nicht etwas in uns zerbrochen? So daß wir uns in unserer Haut nicht wohl fühlen und nur
noch gewaltsamer werden?

[K]: Das Zerbrechen unserer Ideale, unserer Lebensweise und so
weiter, das verschafft uns ein Unwohlsein. Und dies Unwohlsein,
das ruft Gewalt hervor.

Erster Teilnehmer: Gewalt kann von außen oder von innen her
kommen. Ich gebe allerdings normalerweise der Außenwelt die
Schuld an aller Art von Gewalt.

Zweiter Teilnehmer: Sind nicht die Folgen der allgemeinen Zersplit-
terung der Nährboden der Gewalt?

[K]: Ich bitte Sie! Sicherlich gibt es eine Vielzahl von Möglichkeiten, uns die Gewalt und ihre Ursachen zu verdeutlichen. Aber
können wir uns denn nicht eine ganz simple Tatsache vor Augen
führen und von da aus ganz langsam vorgehen? Können wir denn
nicht die Tatsache anerkennen, daß jede Art von Auflage, von
Fremdbestimmung, der Eltern über ihr Kind, des Lehrers über seinen Schüler, der Gesellschaft oder der Priester über jeden von uns

– daß all dies Gewalt bedeutet? Können wir denn nicht darin über-einkommen und damit beginnen?

Teilnehmer: Das kommt von außen.

[K]: Das widerfährt uns aber nicht nur von außen her, sondern es geschieht auch in uns drinnen. Ich stelle fest, daß ich zornig bin und erlege mir auf, nicht zornig sein zu dürfen. Wir sagen hier, daß dies Gewalt ist. Gewiß, wenn ein Diktator sein Volk unterdrückt, dann ist das Gewalt. Aber wenn ich meine Gefühle unterdrücke, aus Angst, sie könnten nicht edel, nicht rein oder was auch immer nicht sein, dann ist das auch Gewalt. Die mangelnde Bereitschaft, das »was ist« als Tatsache anzunehmen, führt zu diesen Selbstauflagen. Würde ich die Tatsache akzeptieren, daß ich eifersüchtig bin und würde ich dem keinen Widerstand entgegensetzen, dann brauchte ich mir nichts aufzuerlegen; dann wüßte ich vielmehr, wie ich damit umgehen könnte. Dabei wäre dann keine Gewalt im Spiel.

Teilnehmer: Sie sagen, Erziehung sei Gewaltausübung.

[K]: In der Tat. Gibt es denn eine Möglichkeit, ohne Gewaltanwen-dung zu erziehen?

Teilnehmer: Der Tradition zufolge nicht.

[K]: Das Problem ist doch: Von Natur aus, in meinen Gedanken, in meiner Lebensführung bin ich ein gewaltsames Wesen, aggresssiv, ich konkurriere, bin brutal und was noch dazugehört – das ist es, was ich bin. Und nun frage ich mich: »Wie kann ich denn bloß mein Leben ändern?«, denn ich spüre, wie die Gewalt in der ganzen Welt die schrecklichsten Feindseligkeiten und Zerstörungen erzeugt. Ich möchte das verstehen lernen, frei davon werden, anders leben kön-nen. Also frage ich mich: »Was ist diese mir innewohnende Gewalt denn eigentlich? Kommt sie etwa aus der Frustration, weil ich so gerne berühmt wäre und doch weiß, ich schaffe das nie, weswegen ich alle Berühmtheiten hasse? Ich bin eifersüchtig und möchte nicht eifersüchtig sein; ich hasse diese dauernde Eifersucht mit all ihren Beklemmungen, Ängsten und Quälereien; darum unterdrücke ich sie. Ich tue das alles, und ich erkenne, daß es eine Art von Gewalt ist. Deswegen möchte ich nun herausfinden, ob das unvermeidlich ist oder ob es eine Möglichkeit gibt, sie zu verstehen, sie zu betrach-ten, mit ihr zurechtzukommen, so daß ich anders leben würde. Des-halb muß ich herausfinden, was Gewalt ist.

Teilnehmer: Sie ist eine Reaktion.

131

[K]: Sie sind zu schnell! Hilft mir das denn, das Wesen meiner Gewalt zu verstehen? Ich möchte schon tiefer eindringen, ich möchte es herausfinden. Solange dieser Dualismus von Gewalt und Gewaltlosigkeit existiert, wird es unweigerlich Konflikte, und damit noch mehr Gewalt, geben. Solange ich der Tatsache, daß ich dumm bin, die Vorstellung entgegenhalte, ich müsse klug sein, fange ich an, mir Gewalt anzutun. Wenn ich mich mit Ihnen vergleiche, der Sie so viel mehr sind als ich, so ist das auch Gewalt. Vergleich, Unterdrückung, Kontrolle – jedes weist auf eine Form von Gewaltanwendung hin. So bin ich beschaffen. Ich vergleiche, ich unterdrücke, ich bin ehrgeizig. Mir wird dies jetzt bewußt, wie soll ich da gewaltfrei leben? Ich möchte herausfinden, auf welche Weise ich ohne diesen ganzen Streit leben kann.

[F]: Ist es denn nicht das »Ich« und das Selbst, das sich gegen die Tatsachen stellt?

[K]: Dazu werden wir noch kommen. Sehen Sie jetzt zunächst einmal die Tatsachen, sehen Sie, was als erstes geschieht: Mein ganzes Leben, von meiner Erziehung an bis heute hat unter dem Zeichen der Gewalt gestanden. Die Gesellschaft, in der ich lebe, steht unter dem Zeichen der Gewalt. Die Gesellschaft bringt mir bei, mich anzupassen, die Gegebenheiten hinzunehmen, dies zu tun, jenes zu lassen, und ich befolge das auch. Das ist die eine Art von Gewalt. Die andere entsteht, wenn ich mich gegen die Gesellschaft empöre (also das von der Gesellschaft etablierte Wertsystem nicht länger akzeptiere). Diese Empörung bedeutet, daß ich mir meine eigenen Werte schaffe und ein Verhaltensmuster daraus mache; dieses Muster erlege ich dann anderen oder mir selber auf – und so entwickelt sich wiederum Gewalt. Das ist das Leben, das ich führe. Das heißt: Ich bin gewaltsam. Was soll ich denn nun machen?

Teilnehmer: Zunächst müßten Sie sich doch wohl fragen, warum Sie eigentlich nicht mehr gewaltsam sein möchten.

[K]: Deswegen, weil ich sehe, was die Gewalt in unserer Welt anrichtet: überall draußen Kriege, überall in mir Konflikte, Konflikte in allen Beziehungen. Um mich herum und in mir sehe ich diese unaufhörlichen Kämpfe, und ich sage mir: »Da muß es doch noch eine andere Lebensweise geben!«

[F]: Warum mißbilligen Sie diese Verhältnisse?

[K]: Weil Sie derart destruktiv sind.

[F]: Was also bedeutet, daß Sie schon vorab der Liebe den höchsten Wert zuerkannt haben.

[K]: Ich habe keinen Wert zuerkannt. Ich beobachte lediglich.

[F]: Wenn Sie etwas ablehnen, dann haben Sie Werte festgesetzt.

[K]: Ich setze keine Werte fest, ich beobachte. Ich beobachte, daß Krieg destruktiv ist.

[F]: Was ist daran verkehrt?

[K]: Ich sage nicht, es sei richtig oder verkehrt.

[F]: Warum möchten Sie es dann ändern?

[K]: Ich möchte es ändern, weil mein Sohn in einem Krieg umgebracht würde, und da frage ich mich: »Gibt es denn kein Leben, ohne daß einer den anderen umbringt?«

[F]: Alles was Sie wollen, ist also, mit einer anderen Lebensweise zu experimentieren, um dann die neue Lebensweise mit dem Leben zu vergleichen, das wir jetzt führen.

[K]: Nein, mein Herr! Ich vergleiche überhaupt nicht. Ich habe es doch bereits gesagt: Ich erkenne, daß mein Sohn in einem Krieg umgebracht würde und frage mich: »Gibt es denn keine andere Lebensweise?« Ich möchte herausfinden, ob es ein Leben gibt, das nicht von Gewalt gekennzeichnet ist.

[F]: Aber einmal angenommen –

[K]: Keine Annahmen, bitte! Das Leben meines Sohnes steht in Gefahr, und ich möchte eine Lebensweise entdecken, durch die niemandes Söhne in Lebensgefahr geraten.

[F]: Sie möchten also von zwei Möglichkeiten eine auswählen.

[K]: Möglichkeiten gibt es dutzendweise.

[F]: Ihr Drang, eine neue Lebensweise zu entdecken ist so groß, daß Sie einfach zu einer anderen als der bisherigen greifen – gleichgültig, welche das ist. Sie möchten damit experimentieren und Vergleiche anstellen.

[K]: Nein, mein Herr! Sie bestehen da auf etwas, das ich offenbar nicht hinreichend verdeutlicht habe.

Entweder wir akzeptieren das Leben so wie es ist, mit seiner Gewaltsamkeit und all dem, was sonst noch dazugehört; oder wir sind der Überzeugung, daß es eine andere Art zu leben gibt, die unsere Intelligenz zu entdecken imstande sein müßte, das nicht mehr von Gewalt beherrscht ist. Das ist alles. Und dazu stellen wir fest, daß die Gewalt so lange herrschen wird, wie unser Leben von Vergleichen, Verdrängung, Anpassung und Unterwerfung unter ein Verhaltensmuster bestimmt ist. Denn darin liegen die Konflikte und damit die Gewalt.

[F]: Woher kommt diese Verwirrung überhaupt? Entsteht sie nicht etwa im Umkreis des »Ich«?

[K]: Darauf werden wir noch zu sprechen kommen.

Teilnehmer: Das was der Gewalt zugrunde liegt, ihre Wurzel, ihr eigentliches Wesen, ist die Tatsache der Beeinflussung. Infolge der bloßen Tatsache, daß wir da sind, beeinflussen wir das gesamte übrige Dasein. Ich bin da – und schon indem ich die Luft ein- und ausatme, beeinflusse ich alles, was in ihr lebt. Darum behaupte ich, daß das Wesen der Gewalt in der Beeinflussung besteht, die dem Dasein inhärent ist. Geschieht dieser Einfluß aus Zwietracht und Mißklang heraus, dann nennen wir das Gewalt. Befinden wir uns hingegen im Einklang mit uns und allem Dasein, dann befinden wir uns nicht mehr im Bereich der Gewalt – üben aber nach wie vor Einfluß aus. Das eine ist »Beeinflussung gegen«, also Gewaltausübung, das andere wäre »Beeinflussung in Übereinstimmung mit«.

[K]: Darf ich Sie etwas fragen, mein Herr? Sind Sie von Gewalt betroffen? Haben Sie mit Gewalt zu tun? Sind Sie so beunruhigt durch dieses Gewaltpotential in Ihnen und in der ganzen Welt, daß Sie spüren: »So kann ich nicht weiterleben«?

Teilnehmer: Wenn wir gegen die Gewalt aufstehen, dann schaffen wir ein Problem, weil Aufstand Gewalt mit sich bringt.

[K]: Ich verstehe, was Sie meinen, nur: Wie kommen wir in dieser Frage weiter?

Teilnehmer: Ich bin mit der Gesellschaft nicht einverstanden. Aufzustehen gegen die geltenden Ideale – Geld, Durchsetzungskraft und so weiter –, das ist meine Art von Gewaltanwendung.

[K]: Ja, ich verstehe. So ist also der Aufstand gegen die herrschende Kultur, Erziehung und so weiter Gewalt.

Teilnehmer: So jedenfalls sehe ich meinen Einsatz von Gewalt.

[K]: Also gut. Und wie wollen Sie nun damit umgehen? Das ist es doch, worüber wir hier zu sprechen versuchen.

Teilnehmer: Und genau das ist es, was ich gerne wüßte.

[K]: Das wüßte auch ich gerne. Lassen Sie uns also noch dabei bleiben.

Teilnehmer: Wenn ich mit einer einzelnen Person ein Problem habe, dann kann ich das alles viel besser durchschauen. Wenn ich jemanden hasse, dann merke ich das; und ich wehre mich dagegen. Geht es hingegen um die Gesellschaft als Ganzes, dann ist das überhaupt nicht mehr so einfach.

[K]: Lassen Sie uns das bitte aufgreifen. Ich rebelliere gegen die geltende gesellschaftliche Moral. Dabei stelle ich fest, daß ein bloßes Rebellieren gegen die Moral, ohne herausgefunden zu haben, was wahre Moral ist, Gewaltausübung bedeutet. Was aber ist wahre Moral? Ehe ich das nicht herausgefunden habe und danach lebe, kann ein bloßes Rebellieren gegen die geltende Moral unserer Gesellschaft kaum einen Sinn haben.

Teilnehmer: Aber Sie können doch nicht wissen, was Gewalt ist, wenn Sie sie nicht in Ihrem Leben erfahren haben.

[K]: Ach ja?! Meinen Sie wirklich, ich müsse gewaltsam leben, um verstehen zu können, was Gewalt oder ihr Gegenteil ist?

Teilnehmer: Sie haben gesagt, um wahre Moral zu verstehen, müsse ich sie leben! Also muß man mit der Gewalt leben, um zu erkennen, was Liebe ist.

[K]: Wenn Sie sagen, ich müsse so leben, dann machen Sie mir bereits Ihre Vorstellung von Liebe zur Auflage.

Teilnehmer: Jetzt wiederholen Sie sich.

[K]: Mein Herr, da ist die allgemein anerkannte Moral, gegen die ich mich auflehne, weil ich ihre Absurdität erkannt habe. Was ist aber nun die wahre Moral, die keine Gewalt kennt?

Teilnehmer: Bringt wahre Moral nicht die Gewalt unter Kontrolle? Sicherlich gibt es überall ein gewisses Gewaltpotential. Nur daß wir Menschen – die sogenannten höheren Wesen – es unter Kontrolle halten. In der Natur ist es allgegenwärtig, ob in einem Gewitter oder wenn ein wildes Tier ein anderes tötet oder wenn ein Baum abstirbt; Gewalt ist überall.

[K]: Es mag ja eine höhere Form von Gewalt geben, eine subtilere, feinere, und daneben die brutaleren Formen von Gewalt. Das ganze Leben ist Gewalt, im Kleinen wie im Großen. Und wenn wir herausfinden möchten, ob es möglich ist, all diese Strukturen der Gewalt hinter uns zu lassen, dann müssen wir wirklich in sie eindringen. Das ist's, was wir hier versuchen.

[F]: Was meinen Sie mit »in sie eindringen«?

[K]: Mit »in sie eindringen« meine ich zunächst vor allem die Untersuchung, die Erkundung dessen »was ist«. Für diese Erkundung muß ich frei sein von jeder Schlußfolgerung, von jedem Vorurteil. Dann, aus dieser Freiheit heraus, kann ich das Problem der Gewalt anschauen. Das meine ich mit »in sie eindringen«.

[F]: Passiert denn dann etwas?

[K]: Nein, es passiert nichts.

Teilnehmerin: Also bei mir ist das so: Ich bin gegen jeden Krieg, weil ich mich entschlossen habe, überhaupt nicht zu kämpfen, zugleich aber spüre ich, daß ich mich eigentlich aus allem heraushalten, in einem anderen Land leben oder den Leuten, die ich nicht mag, aus dem Wege gehen möchte. Ich halte mich einfach von der amerikanischen Gesellschaft fern.

[K]: Sie sagen also: »Ich bin kein Demonstrant, kein Protestierer, aber ich lebe nicht wirklich in dem Land, in dem all das passiert. Ich gehe den Leuten, die ich nicht mag, aus dem Wege.« All das sind Formen der Gewalt. Lassen Sie uns das bitte ein wenig genauer betrachten. Lassen Sie uns dem Verständnis dieser Frage unsere Aufmerksamkeit widmen. Was soll derjenige tun, der die gesamten politischen, religiösen und wirtschaftlichen Verhaltensstrukturen mit der ihnen in größerem oder kleinerem Maße innewohnenden Gewalt durchschaut hat, und der sich in einer von ihm selbst gestellten Falle gefangen sieht?

Teilnehmer: Ich möchte vorschlagen, es so zu sehen, daß Gewalt nicht existiert, daß vielmehr unser Denken sie dazu macht.

[K]: Oh! Ich bringe jemand um und denke darüber nach, und deswegen ist es eine Gewalttat. Nein, mein Herr, das sind doch Wortspielereien! Es wäre schon besser, wir gingen den Dingen ein wenig tiefer auf den Grund. Wie wir bereits gesehen haben, kommt immer dann Gewalt auf, wenn ich mir selber eine Idee oder eine Entscheidung auferlege. (Wir wollen das jetzt zunächst einmal so stehen lassen.) Ich bin herzlos – in Worten und Gefühlen. Daraufhin erlege ich mir den Beschluß auf: »Das darf ich nicht!« – und stelle fest, daß ich mir damit Gewalt antue. Wie könnte ich mit meiner Herzlosigkeit anders umgehen, also ohne ihr etwas entgegenzusetzen? Könnte ich sie verstehen, ohne sie zu verdrängen, ohne vor ihr davonzulaufen, ohne irgendwelche Ausflüchte oder Ersatzbefriedigungen zu suchen? Tatsache ist: Ich bin herzlos. Das ist mein Pro-

blem, und keine noch so große Menge von »Du solltest« und »Du solltest nicht« wird es lösen können. Das ist eine kritische Frage, die mich wirklich angeht und mit der ich fertig werden möchte, weil ich ahne, daß auch für mich eine andere Lebensweise möglich ist. Also frage ich mich: »Wie kann ich von meiner Herzlosigkeit freikommen ohne inneren Konflikt«, denn im selben Augenblick, in dem meine Befreiung von der Herzlosigkeit einen Konflikt mit sich bringt, habe ich Gewalt erzeugt. Ich muß mir daher zunächst völlige Klarheit darüber verschaffen, wie es mit den Konflikten steht. Denn sobald irgendein Konflikt in Zusammenhang mit der Herzlosigkeit – von der ich frei werden möchte – aufkommt, ist die Gewalt schon geboren. Wie kann ich also ohne Konflikte von meiner Herzlosigkeit freikommen?

Teilnehmer: Akzeptieren Sie sie.

[K]: Dann möchte ich nur gerne wissen, was so ein Akzeptieren bedeutet! Die Herzlosigkeit ist da. Ich akzeptiere sie nicht und lehne sie nicht ab. Was hat es für einen Sinn, zu sagen: »Akzeptieren Sie sie«? Es ist eine Tatsache, daß ich braune Haut habe – so ist das nun einmal. Wozu sollte ich das akzeptieren oder ablehnen? Tatsache ist, daß ich herzlos bin.

Teilnehmer: Wenn ich erkenne, daß ich herzlos bin, dann akzeptiere ich das, ich verstehe es. Zugleich aber habe ich Angst davor, herzlos zu handeln und mich damit abzufinden.

[K]: Ja. Ich habe gesagt: »Ich bin herzlos«; weder akzeptiere ich das noch lehne ich es ab; es ist eine Tatsache. Und die andere Tatsache ist, weil mein Bemühen, meine Herzlosigkeit loszuwerden, Konflikte erzeugt, Gewalt entsteht. So daß ich nun mit noch mehr fertigwerden muß; mit Gewalt, mit Herzlosigkeit und dem Bemühen um ungezwungenes Freiwerden davon. Was soll ich da machen? Mein Leben lang nur Kampf und Streit.

Teilnehmer: Das Problem ist nicht die Gewalt, sondern sind die fixen Vorstellungen.

[K]: Vorstellungen, die dem auferlegt werden, oder die wir dem auferlegen, »was ist« – richtig?

Teilnehmer: Das kommt aus der Unwissenheit über unser wahres Wesen.

[K]: Ich weiß nicht recht, was Sie mit dem »wahren Wesen« meinen.

Teilnehmer: Ich meine damit, daß man nicht abgetrennt ist von der Welt, daß man die Welt ist *und deshalb verantwortlich für die Gewalt, die außerhalb von uns ausgeübt wird.*

[K]: Ja. Das wahre Wesen ist also nach Ihrer Meinung die Erkenntnis, daß wir die Welt sind, und die Welt wir selber, und daß Herzlosigkeit und Gewalt nicht etwas uns Fremdes sind, sondern Teil unser selbst. Ist es das, was Sie meinen?

Teilnehmer: Nein. Sie sind Teil unserer Unwissenheit.

[K]: Möchten Sie damit sagen: Da ist mein wahres Selbst, und dort ist die Unwissenheit? Es gäbe also sozusagen zwei Stadien, das wahre Wesen und das von der Unwissenheit zugedeckte wahre Wesen. Das ist eine alte indische Theorie. Aber woher wollen Sie wissen, daß es ein wahres Wesen überhaupt gibt, wenn es doch von Illusionen und Unwissenheit zugedeckt ist?

Teilnehmer: Wenn wir uns klarmachten, daß unsere Probleme auf Gegensätzen beruhen, dann würden alle Probleme verschwinden.

[K]: Alles, was wir zu tun haben, ist, nicht in Gegensätzen zu denken. Tun wir das wirklich, oder ist das nur so eine Idee?

Teilnehmer: Haftet denn der Dualismus etwa nicht unserem Denken an?

[K]: Kaum haben wir einen Ansatzpunkt gefunden, gehen wir schon zu etwas anderem über! Ich bin herzlos – aus verschiedenen psychischen Gründen, das ist eine Tatsache. Wie kann ich frei sein, ohne mich unter Druck zu setzen?

[F]: Was meinen Sie mit »sich nicht unter Druck setzen«?

[K]: Ich hatte bereits erklärt, was ich damit meine. Wenn ich etwas in mir verdränge, dann übe ich auf mich selber Druck aus, indem ich mir den Widerspruch zwischen der Herzlosigkeit und dem Wunsch, nicht herzlos zu sein, auferlege. Dann habe ich den Konflikt zwischen dem »was ist« und dem »was sein sollte«.

Teilnehmer: Wenn ich es wirklich wahrnehme, kann ich doch nicht länger herzlos sein.

[K]: Ich möchte das wirklich herausfinden, nicht bloß Erklärungen entgegennehmen. Ich möchte herausfinden, ob es überhaupt möglich ist, von meiner Herzlosigkeit frei zu werden. Ist das ohne Verdrängung möglich, ohne davonzulaufen, ohne es zu erzwingen? Was soll ich tun?

Teilnehmer: Das einzige, was wir tun müssen, ist, es ans Licht zu bringen.

[K]: Aber um es ans Licht zu bringen, muß ich es herauskommen, sich zeigen lassen – nur nicht so, daß ich damit noch herzloser werde. Warum lasse ich es denn nicht herauskommen? Zunächst einmal deswegen, weil es mir Angst macht. Ich bin nicht sicher, ob ich nicht doch dadurch, daß ich es herauslasse, noch herzloser werde. Und wenn ich es herauslasse, werde ich dann auch imstande sein, es zu verstehen? Werde ich es sorgfältig, das heißt, mit Aufmerksamkeit, betrachten können? Ich kann das nur, wenn meine Energie, mein Interesse und mein Verlangen in dem Augenblick, in dem es sich offen zeigt, völlig darauf eingestellt sind. In diesem Augenblick muß ich von dem Verlangen erfüllt sein, es zu verstehen, muß ich einen Geist haben, der frei von jeglicher Verzerrung ist. Ich muß eine gewaltige Energie haben, um zu beobachten. Und alles drei muß im Augenblick des Sich-Öffnens unmittelbar zusammenkommen. Mit anderen Worten: Ich bin empfindsam genug und frei genug, um diese lebendige Energie, Intensität und Aufmerksamkeit zu haben. Aber wie komme ich zu solch einer intensiven Aufmerksamkeit? Woher soll ich sie nehmen?

Teilnehmer: Wenn wir an dem Punkt angelangt sind, wo wir es mit der Kraft der Verzweiflung einfach verstehen müssen, dann werden wir auch diese Aufmerksamkeit aufbringen.

[K]: Ich verstehe. Ich frage einfach: »Ist es möglich, so aufmerksam zu sein?« Warten Sie und sehen Sie doch erst einmal, welche Tragweite das hat und was damit zusammenhängt. Kommen Sie nicht gleich mit Deutungen, fassen Sie es nicht gleich in Begriffe. Hier bin ich. Ich weiß nicht, was Aufmerksamkeit bedeutet. Wahrscheinlich habe ich noch nie etwas mit Aufmerksamkeit betrachtet, denn den größten Teil meines Lebens habe ich unaufmerksam zugebracht. Plötzlich kommen Sie und sagen: »Schauen Sie doch hin, schauen Sie sich Ihre Herzlosigkeit sehr aufmerksam an.« »Ja, gewiß«, antworte ich, aber was ist damit gemeint? Wie soll ich diese Aufmerksamkeit zustande bringen? Gibt es dafür eine Methode? Wenn es solch eine Methode gäbe, nach der ich mich in Aufmerksamkeit üben könnte, dann würde das Zeit erfordern. Und während dieser Zeit würde ich weiterhin unaufmerksam sein und infolgedessen immer mehr Zerstörung anrich-

ten. Das ist der Grund, warum all das gleichzeitig und auf der Stelle geschehen muß!

Ich bin herzlos. Ich will das nicht verdrängen, ich will keine Ausflüchte suchen. Was nicht bedeutet, daß ich fest entschlossen bin, es nicht zu verdrängen. Ich habe aber intellektuell erkannt und begriffen, daß mit Verdrängen, mit Kontrolle und Ausflüchten das Problem nicht zu lösen ist. Deshalb nehme ich davon Abstand. Jetzt besitze ich diese Intelligenz, die sich einstellte, als ich die Nutzlosigkeit der Verdrängung, der Ausflüchte, des Sich-Beherrschens begriff. Mit dieser Intelligenz untersuche, betrachte ich meine Herzlosigkeit. Dabei stelle ich fest, daß ich für solch eine Betrachtung eine Menge an Aufmerksamkeit benötige, und daß ich dazu sehr sorgfältig auf meine Unaufmerksamkeit achtgeben muß. Es geht mir also darum, mir jeder Unaufmerksamkeit bewußt zu sein. Was ist damit gemeint? Versuche ich, Aufmerksamkeit einzuüben, kommt dabei etwas Mechanisches, Stupides heraus; es macht keinen Sinn. Fange ich hingegen einfach damit an, auf meine Unaufmerksamkeit zu achten, mir ihrer bewußt zu werden, dann beginne ich herauszufinden, wie Aufmerksamkeit entsteht. Warum bin ich achtlos gegenüber den Gefühlen meiner Mitmenschen, in meiner Art zu reden, bei meinen Essensgewohnheiten, gegenüber dem, was andere sagen und tun? Indem ich diesen negativen Zustand begreife, gelange ich zum positiven, also zur Aufmerksamkeit. Ich muß also untersuchen und begreifen lernen, woher diese Unaufmerksamkeit kommt.

Das ist eine äußerst ernste Frage, steht doch die ganze Welt in Flammen. Wenn ich zu dieser Welt gehöre, ja selber diese Welt bin, dann muß ich diese Flammen löschen. An diesem Problem sitzen wir also fest. Denn es ist mangelnde Aufmerksamkeit, die dies Chaos in der Welt hat zustande kommen lassen. Wir stehen vor der seltsamen Tatsache, daß Unaufmerksamkeit Verneinung ist, mangelnde Aufmerksamkeit, eine momentane »Abwesenheit«. Wie kann es gelingen, sich der Unaufmerksamkeit so vollständig bewußt zu werden, daß sie sich zur Aufmerksamkeit wandelt? Wie kann ich mir dieser meiner Herzlosigkeit vollständig und unmittelbar bewußt werden, mit all meiner Energie, ohne Reibungsverluste, ohne Widersprüche, so daß sie umfassend und ungeteilt ist? Wie kann ich das zustande bringen? Wir haben festgestellt, daß dies nur dann möglich ist, wenn völlige Aufmerksamkeit am Werke ist, und daß es diese völlige Aufmerksamkeit nicht gibt, weil wir unser Leben damit zubringen, unsere Energie durch unsere Unaufmerksamkeit zu vergeuden.

Saanen / Schweiz, 3. August 1969

10. Über die radikale Wandlung

Was ist dies Instrument, das schaut?

Der Mensch hat sich bisher nicht sehr tiefgreifend verändert. Wir aber wollen hier von der radikalen Revolution im Menschen sprechen, nicht davon, daß irgendein anderes Verhaltensmuster dem bisherigen übergestülpt wird. Uns beschäftigt einzig und allein die grundlegende Wandlung dessen, was derzeit in uns vorgeht. Wie wir bereits festgestellt haben, sind die Welt und wir keine getrennten Wesenheiten, nein, die Welt sind wir, und wir sind die Welt. Eine wirkliche Änderung an der Wurzel unseres Wesens herbeizuführen, eine Revolution, eine Mutation, eine Verwandlung – gleichgültig, wie wir es nennen –, das ist's, worum es uns in diesen Gesprächen heute gehen soll.

Das vorige Mal haben wir uns gefragt, ob und wie wir uns selber mit ganzer Deutlichkeit betrachten können, ohne jede Verzerrung – wobei mit Verzerrung der Drang gemeint ist, immer gleich zu bewerten, zu beurteilen, zu beherrschen, loszukommen von dem »was ist«; all das also, was eine klare Wahrnehmung unmöglich macht, was uns daran hindert, das »was ist« genau und eingehend ins Auge zu fassen. Darum meine ich, wir sollten heute morgen einige Zeit auf die Diskussion oder das gemeinsame Gespräch über das Wesen des Beobachtens, über die Kunst zu schauen, zu hören, zu sehen verwenden. Wir sollten herauszufinden versuchen, ob es überhaupt möglich ist, wirklich zu sehen, nicht nur mit einem Teil unseres Wesens, also nicht nur entweder visuell, intellektuell oder emotional. Ist es überhaupt möglich, ganz präzise und ohne alle Verzerrung zu beobachten? Es ist doch sicher der Mühe wert, dem nachzugehen. Was bedeutet es, zu sehen? Können wir uns selber anschauen, können wir den Grundtatsachen unseres Seins ins Auge blicken – unserer Habsucht, unserem Neid, unseren Sorgen, unseren Ängsten, unserer Heuchelei, unserem Selbstbetrug, unserem Ehrgeiz –, können wir das wirklich, ohne jede Verzerrung, in den Blick bekommen?

Möchten Sie also heute morgen mit mir einige Zeit auf den Versuch verwenden, das rechte Betrachten zu lernen? Lernen heißt ja, ständig in Bewegung sein, meint ein ständiges Erneuern. Es ist kein »Erlernen« und kein Betrachten vom Erlernten her. Wenn wir uns anhören, was andere sagen, und wenn wir uns selber gelegentlich beobachten, lernen wir etwas, erfahren wir etwas, und unser Betrachten geht von diesem Erlernten und Erfahrenen aus. Wir beobachten ja normalerweise einfach aufgrund der Erinnerung an das, was wir einmal gelernt und erfahren haben; mit dieser Erinnerung im Kopf gehen wir ans Betrachten heran. Das ist dann aber kein wahres Betrachten, ist kein Lernen. Zum Lernen gehört ein Geist, der immer neu zu lernen bereit ist, der immer wach und offen für neues Lernen ist. Von daher dürfte uns nicht daran gelegen sein, unsere Erinnerung zu kultivieren, sondern ständig darauf zu achten und zu erkennen, was jeweils neu geschieht. Wir werden versuchen, sehr wachsam, sehr aufmerksam zu sein, damit das, was wir erkannt und gelernt haben, nicht zu einer Erinnerung wird, von der wir beim Betrachten ausgehen und die bereits eine Verzerrung ist. Schauen Sie also immer so als sei es das erste Mal! Das »was ist« von einer festliegenden Erinnerung her zu betrachten, zu beobachten, würde bedeuten, daß diese Ihre Erinnerung Ihnen Ihre Beobachtung diktiert oder prägt oder lenkt und diese daher von Anfang an der Verzerrung unterworfen wäre. Können wir von hier aus weiter vorgehen?

Wir möchten herausfinden, was es heißt, zu beobachten. Der Wissenschaftler mag etwas im Mikroskop betrachten und es einer genauen Beobachtung unterziehen; für ihn gibt es da ein von ihm getrenntes Objekt, das er ganz vorurteilslos, wenn auch mit der dazu nötigen Vorkenntnis anschaut. Wir hier wollen hingegen die gesamte Struktur, die gesamte Bewegung des Lebens betrachten, unser eigenes Selbst. Und das darf nicht intellektuell betrachtet werden, nicht emotional, nicht mit einer vorgefaßten Meinung über richtig oder falsch, über das, »was nicht sein darf« oder »was sein sollte«. Bevor wir also eine eingehende Betrachtung beginnen können, müssen wir uns dieser unaufhörlichen Fabrikation von Bewertungen, Beurteilungen, voreiligen Schlußfolgerungen bewußt werden, die jede wirkliche Beobachtung unmöglich macht.

Doch jetzt sollten wir uns nicht so sehr mit dem Betrachten beschäftigen, sondern mit dem, was denn da betrachtet. Wir sollten uns fragen, ob das Instrument des Betrachtens etwa befleckt, entstellt, gequält, überlastet ist. Worauf es ankommt ist nicht so sehr der Vorgang des Sehens, sondern die Beobachtung meiner selbst als des betrachtenden Instrumentes. Wenn ich nämlich eine vorgefaßte Überzeugung habe, also zum Beispiel Nationalist bin, und aus dieser tiefen Prägung, aus dieser Exklusivität einer Stammeszugehörigkeit heraus, die wir Nationalismus nennen, Beobachtungen vornehme, dann wird dies derart von Vorurteilen belastet sein, daß mir ein klares Sehen überhaupt nicht gelingen kann. Oder wenn ich mich vor dem Sehen fürchte, dann ist das gewiß ein verzerrtes Sehen. Oder wenn ich den Ehrgeiz habe, eine höhere Stufe der Erleuchtung, eine einflußreichere Position oder was auch immer zu erreichen, dann wird dadurch eine klare Wahrnehmung gleichfalls verhindert. All dessen müssen wir uns bewußt sein, müssen auf das Instrument achten, das da betrachten will und darauf, ob es sauber und klar genug ist.

[F]: Wenn ich das nun tue und merke, daß das Instrument nicht sauber ist, was mache ich dann?

[K]: Denken Sie hier bitte sorgfältig mit! Wir haben gesagt: Beobachte das, »was ist«, diese im Grunde immer egoistische, selbstbezogene Aktivität, beobachte das, was Widerstand leistet, was frustriert ist, was zornig wird – beobachte all das. Dann haben wir gesagt: Achte auf das Instrument, das beobachten soll, finde heraus, ob dies Instrument sauber und klar genug ist. Wir sind also von dem Vorgang selber auf das Instrument der Beobachtung gekommen. Und nun untersuchen wir, ob dies Instrument sauber ist und merken, daß es das nicht ist. Was sollen wir tun? Es gibt die Möglichkeit, unsere Intelligenz zu schärfen. Zunächst ging es mir darum, die Tatsachen zu beobachten, das »was ist«; ich beobachtete sie und bewegte mich davon weg und sagte: »Ich muß auf das beobachtende Instrument achten und zusehen, ob es sauber ist.« In diesem Infragestellen liegt eine Intelligenz – verstehen Sie. Daher wird die Intelligenz geschärft, der Geist, das Gehirn werden geschärft.

[F]: Setzt dies nicht voraus, daß es eine Bewußtseinsebene gibt, auf der es keine Spaltungen, keine Bedingtheiten mehr gibt?

[K]: Ich weiß nicht, was das voraussetzt. Ich bewegte mich einfach nach und nach weiter. Die Bewegung ist keine bruchstückhafte Bewegung. Sie ist nicht sprunghaft. Früher hatte ich beim Beobachten keine Intelligenz. Ich sagte: »Das muß ich ändern; das darf ich nicht ändern; das darf nicht so sein; dies ist gut; das ist schlecht; das müßte sein.« – und ähnliches. Von diesen Grundsätzen ging ich beim Beobachten aus, und es eignete sich nichts. Jetzt habe ich gemerkt, daß das Instrument für die Beobachtung außerordentlich sauber sein muß. Daher ist es eine beständige Bewegung der Intelligenz, kein bruchstückhafter Zustand. Damit möchte ich fortfahren.

[F]: Ist diese Intelligenz selbst Energie? Denn wenn sie von irgend etwas abhängig ist, wird sie rasch nachlassen.

[K]: Machen Sie sich darüber jetzt noch keine Gedanken; lassen Sie die Frage der Energie erst einmal auf sich beruhen.

Teilnehmer: Sie haben es schon geschafft, während wir noch Läuterung über Läuterung vor uns haben, auch wenn die Triebkraft die gleiche sein mag.

[K]: Ja, das geschieht wirklich – Läuterung. Oder ist unser Geist, unser Gehirn, unser ganzes Wesen auf alle mögliche Weise, durch Druck, durch seine Aktivitäten und so fort, gänzlich abgestumpft worden? Und wir sagen, das gesamte Wesen muß wieder völlig wach werden.

Teilnehmer: Und das ist das Verzwickte dabei.

[K]: Haben Sie bitte etwas Geduld, darauf komme ich noch zu sprechen, Sie werden sehen! Intelligenz ergibt sich nicht im Laufe der Zeit. Intelligenz ist diese Qualität sensibler Achtsamkeit für das, »was ist«. Mit meinem abgestumpften Geist nehme ich mir vor: »Ich muß mich selbst betrachten«, und mein abgestumpfter Geist versucht, sich selber zu betrachten. Natürlich nimmt er nichts wahr. Entweder er widersetzt oder verweigert sich, oder er paßt sich an. Es ist ja ein höchst respektabler Geist, ein kleiner bourgeoiser Geist, der sich betrachtet.

[F]: Sie hatten begonnen, über ideologische Moralsysteme zu sprechen, und jetzt gehen Sie einen Schritt weiter und empfehlen uns Selbstbeobachtung, weil alle anderen Systeme nutzlos seien. Ist denn das nicht auch eine Ideologie?

[K]: Nein, mein Herr. Ich sage im Gegenteil: Wenn Sie mit irgendeiner Ideologie im Kopf, einschließlich meiner, beobachten, dann sind Sie verloren, dann beobachten Sie überhaupt nicht. Wie viele Ideologien gibt es doch, respektable, nicht respektable und all die anderen. Mit solchen Ideologien in Ihrem Kopf, in Ihrem Herzen, beobachten Sie. Diese Ideologien haben das Gehirn, und den Geist, Ihr gesamtes Wesen abgestumpft. Nun beobachtet der abgestumpfte Geist, gleich, was er betrachtet, gleich, ob er meditiert oder zum Mond fliegt, er ist ganz offensichtlich immer noch ein abgestumpfter Geist. Der abgestumpfte Geist beobachtet also, und es kommt jemand daher und sagt: »Schau, mein Freund, du bist abgestumpft, alles was du siehst, wird genauso stumpf sein. Weil dein Geist abgestumpft ist, wird alles was du siehst, unweigerlich ebenso stumpf sein!« Das ist eine wirklich große Entdeckung, daß nämlich ein abgestumpfter Geist, auch wenn der etwas außerordentlich Lebendiges betrachtet, den Gegenstand seiner Betrachtung auch stumpf gemacht hat.

Teilnehmer: Aber dieser Gegenstand hört nicht auf, so lebendig zu sein.

[K]: Warten Sie, langsam, wenn's recht ist! Gehen Sie einfach mit dem Vortragenden Schritt für Schritt voran.

Teilnehmer: Wenn ein abgestumpfter Geist erkennt, daß er abgestumpft ist, dann kann er doch nicht so ganz abgestumpft sein.

[K]: Ich erkenne es ja eben *nicht*! Das wäre ja wunderbar, wenn der abgestumpfte Geist erkennen würde, daß er abgestumpft ist, aber das tut er gerade nicht. Er wird vielmehr entweder versuchen, sich immer mehr aufzupolieren, gelehrt, wissenschaftlich gebildet und all so etwas zu werden, oder er wird, falls ihm seine Abgestumpftheit tatsächlich zum Bewußtsein kommt, resigniert feststellen: »Mit diesem abgestumpften Geist kann ich einfach nicht klar sehen.« So muß die nächste Frage also lauten: »Wie kann dieser abgestumpfte, befleckte Geist eine derart außerordentliche Intelligenz gewinnen, daß das Instrument, mit dem wir sehen, gänzlich sauber und klar ist?«

[F]: Wollen Sie damit sagen, daß der Geist, wenn er die Frage so stellt, seiner Abgestumpftheit ein Ende gesetzt hat? Kann man aus falschen Gründen heraus das Richtige tun?

[K]: Nein. Ich wünschte mir, Sie würden Ihre Schlußfolgerungen

unterlassen und herauszufinden versuchen, was der Vortragende sagen möchte.

[F]: Nein, mein Herr! Jetzt halten Sie einmal mit mir Schritt!

[K]: Was Sie sagen, ist: Sie versuchen, etwas in die Hand zu bekommen, womit Sie den abgestumpften Geist schärfer, klarer machen können. Ich tue das nicht. Ich sage einfach: Beobachte die Abgestumpftheit.

[F]: Ohne dauernde Bewegung?

[K]: Den abgestumpften Geist ohne die dauernde, von Verzerrung bestimmte Bewegung beobachten – wie kann das wohl gehen? Mein abgestumpfter Geist blickt auf – und sieht nichts. Ich frage: »Wie ist es möglich, den Geist klar zu machen?« Ist diese Frage aus einem Vergleich meines abgestumpften Geistes mit einem anderen, gescheiten Geist entstanden, so daß ich dann meine: »So wie der muß ich werden?« Verstehen Sie? Solch ein Vergleich bedeutet doch, daß der abgestumpfte Geist weiterexistiert.

[F]: Kann sich der abgestumpfte Geist überhaupt mit einem gescheiten Geist vergleichen?

[K]: Vergleicht er sich denn nicht ständig mit einem aufgeweckten Geist? Das ist es doch, was wir Fortschritt nennen, oder?

[F]: Der abgestumpfte Geist vergleicht nicht, er fragt vielmehr: »Was kann ich machen?« Mit anderen Worten: Wir glauben, könnten wir nur ein bißchen gescheiter werden, würden wir mehr erreichen.

[K]: Nun gut, aber das kommt aufs gleiche hinaus. Ich habe jetzt also etwas entdeckt. Der abgestumpfte Geist sagt sich: »Durchs Vergleichen merke ich, daß ich abgestumpft bin. Ich bin abgestumpft, denn der andere da ist gescheit.« Er merkt nicht, daß er an sich schon längst abgestumpft ist. Es sind dies zwei unterschiedliche Zustände. Im einen bin ich mir meiner Abgestumpftheit dadurch bewußt, daß Sie aufgeweckt sind; im anderen bin ich mir meiner Abgestumpftheit ohne Vergleiche bewußt. Wie steht es bei Ihnen? Vergleichen Sie sich mit anderen und kommen dabei zu dem Schluß: »Ich bin abgestumpft«? Oder sind Sie sich Ihrer Abgestumpftheit ohne alles Vergleichen bewußt geworden? Ist das überhaupt möglich? Bleiben Sie bitte noch ein wenig dabei.

[F]: Ist das möglich?

[K]: Widmen Sie dieser Frage bitte noch ein paar Minuten. Merke

ich, daß ich Hunger habe, weil Sie mir das sagen, oder verspüre ich einfach Hunger? Wenn Sie mir sagen, ich sei hungrig, dann mag ich vielleicht ein bißchen Hunger verspüren, es wäre aber kein wirklicher Hunger. Wenn ich jedoch hungrig bin, dann *bin* ich hungrig. Wir müssen uns also völlig klar darüber werden, ob meine Abgestumpftheit das Ergebnis von Vergleichen ist. Dann erst können wir hier weiterkommen.

[F]: Wieso wollen Sie alles andere beiseite lassen und sich nur noch darum kümmern, ob Sie abgestumpft sind oder nicht?

[K]: Weil ich die Wahrheit erkannt habe, daß Vergleichen den Geist abstumpft. Wenn in der Schule ein Schüler mit einem anderen verglichen wird, so wird er damit zerstört. Und wenn Sie dem jüngeren Bruder sagen, er müsse so schlau sein wie sein älterer Bruder, dann haben Sie den jüngeren damit zerstört, nicht wahr? Es geht Ihnen dann nämlich gar nicht um den jüngeren Bruder, es geht Ihnen nur um die Schlauheit des älteren.

[F]: Kann ein abgestumpfter Geist so gut sehen, daß er merkt, wie abgestumpft er ist?

[K]: Das werden wir herausfinden. Wir müssen wohl noch einmal von vorne beginnen. Könnten wir denn heute morgen nicht bei dieser einen Sache bleiben?

[F]: Solange ich diesen Antrieb habe, was macht es da aus, ob ich an sich oder im Vergleich zu anderen abgestumpft bin?

[K]: Genau das wollen wir herausfinden. Gehen Sie doch bitte für ein paar Minuten mit dem Vortragenden mit, nicht gleich mit Zustimmung oder Ablehnung, nein, achten Sie einfach einmal auf sich selber. Zu Beginn dieses heutigen Gesprächs haben wir festgestellt, daß die erforderliche Revolution sich tief an den Wurzeln unseres Wesens ereignen muß, und daß sie sich überhaupt nur ereignen kann, wenn wir zu beobachten verstehen, was und wie wir sind. Diese Beobachtung hängt ab von der Aufgewecktheit, der Klarheit und der Offenheit des beobachtenden Geistes. Die meisten von uns sind allerdings abgestumpft und außerstande, wirklich etwas wahrzunehmen. Was wir allenfalls sehen, sind Zorn, Eifersucht und all diese Dinge, aber das führt zu gar nichts. Darum beschäftigen wir uns hier mit dem abgestumpften Geist und nicht damit, was er zu sehen versucht. Dieser abgestumpfte Geist sagt sich: »Ich muß aufgeweckt sein, um sehen zu können!« Also hat er eine Vorstellung

davon, was Aufgewecktheit ist und bemüht sich, so zu werden. Dann sagt ihm jemand: »Vergleichen wird immer zu Abgestumpft- heit führen!« Also sagt er sich: »Ich muß schrecklich vorsichtig sein und werde nicht vergleichen. Ich weiß bisher nur durchs Verglei- chen, was Abgestumpftheit ist. Vergleiche ich nicht, wie kann ich dann wissen, ob ich abgestumpft bin?« Also beschließe ich, nicht mehr von Abgestumpftheit zu reden, das Wort einfach nicht mehr zu verwenden; nur noch zu beobachten, »was ist« und das nicht mehr abgestumpft zu nennen. In dem Augenblick nämlich, in dem ich es abgestumpft nenne, habe ich dem Ding einen Namen gegeben und es abgestumpft gemacht. Wenn ich es aber nicht abgestumpft nenne und nur beobachte, dann habe ich das Vergleichen abgelegt, habe den Begriff »abgestumpft« abgelegt, und es bleibt nur noch das, »was ist«. Das ist doch nicht schwierig, nicht wahr? Schauen Sie doch bitte selber zu! Achten Sie darauf, was hier vorgegangen ist. Achten Sie darauf, wo Ihr Geist jetzt ist.

Teilnehmer: Ich merke, daß mein Geist zu langsam ist.

[K]: Aber hören Sie bitte zu! Ich werde ganz langsam vorgehen, Schritt für Schritt.

Wie komme ich darauf, daß mein Geist abgestumpft ist? Weil Sie es mir gesagt haben? Weil ich Bücher gelesen habe, die mir ungewöhn- lich schlau, knifflig und subtil erschienen? Oder weil ich brillante Leute getroffen habe, mit denen verglichen ich mir abgestumpft vorkomme? Das muß ich herausfinden. Daher beschließe ich jetzt, mich nicht mehr mit anderen zu vergleichen. Aber weiß ich nun, daß ich abgestumpft bin? Hindert der Begriff mich daran, beobachten zu können? Oder tritt der Begriff jetzt an die Stelle dessen, »was wirklich ist«? Folgen Sie mir noch? Aufgrund des bisher Erkannten komme ich zu dem Schluß, keinen solchen Begriff mehr zu verwen- den, nicht mehr von abgestumpft zu sprechen, nicht mehr von lang- sam oder von was auch immer, ich mache mich vielmehr daran, herauszufinden, »was ist«. Auf jeden Fall habe ich das Vergleichen hinter mir gelassen, und das war wirklich mühsam genug. Aber mein Geist ist jetzt ganz außerordentlich intelligent geworden: Er ver- gleicht nicht mehr, er versucht nicht mehr, das Sehen dessen, »was ist«, auf einen Begriff zu bringen, hat er doch erkannt, daß die Be- schreibung nicht schon das ist, was beschrieben werden soll. Was ist denn »was ist« als Tatsache?

Können wir hier jetzt einen Schritt weitergehen? Nehmen wir an, ich würde zu beobachten beginnen, mein Geist würde anfangen, auf seine Bewegungen zu achten, er brächte aber dabei sogleich seine Bewertungen, seine Urteile ins Spiel, hier ein »so müßte es sein«, dort ein »das darf es nicht geben«. Unterliegt er irgendeiner Regel, einem Ideal, einer einmal getroffenen Entscheidung, einem gültigen Beschluß? Damit würde doch die Beobachtung dessen, »was ist« unweigerlich der Verzerrung ausgesetzt. Hier müssen wir genau hinschauen. Gehe ich von einer Überzeugung aus, dann werde ich nicht wirklich sehen können. Bin ich ein Moralist, eine respektable Person, ein Christ, ein Vedanta-Jünger, ein »Erleuchteter« oder etwas Derartiges, so hindert mich das alles am Beobachten. Deshalb muß ich von all dem frei sein. Ich werde also darauf achtgeben, ob ich irgendeine Überzeugung mit mir herumtrage. Nur so wird mein Geist die notwendige durchdringende Klarheit gewinnen und fragen: »Besteht Angst?« Ich gebe darauf acht und stelle fest: »Hier gibt es Angst, hier gibt es Verlangen nach Sicherheit, hier gibt es Genußsucht«, und was nicht alles. Ich erkenne also, daß ich nicht wirklich beobachten kann, wenn es irgendeine Überzeugung gibt, irgendeine auf Vergnügen ausgerichtete Bewegung vor sich geht. Deshalb gebe ich darauf acht und stelle fest, daß ich sehr traditionell bin, und daß ein derart traditioneller Geist nicht beobachten kann. Ich habe ein tiefes Interesse daran zu beobachten, und dieses tiefe Interesse läßt mich die Gefahr jeder Überzeugung erkennen. Schon das Erkennen von Gefahr ist das Meiden der Gefahr. Mein Geist ist daher nicht verworren, er hat keine Überzeugung, denkt nicht in einem Schema von Begriffen, von Beschreibungen und vergleicht nicht mehr. Ein solcher Geist kann beobachten, und was er beobachtet, ist er selber. Damit hat eine Revolution stattgefunden. – Jetzt haben Sie bestimmt den Faden verloren – völlig verloren!

[F]: Ich glaube nicht, daß solch eine Revolution stattgefunden hat. Heute schaffe ich es, meinen Geist so zu beobachten, wie Sie sagen; der Geist gewinnt an Schärfe, morgen jedoch werde ich vergessen haben, wie beobachtet wird.

[K]: Das können Sie gar nicht vergessen! Vergessen Sie denn eine Schlange? Vergessen Sie einen Abgrund? Vergessen Sie die Flasche mit der Aufschrift »Gift«? Sie *können* das nicht vergessen.

Der Herr hier hat gefragt: »Wie kann ich das Instrument säubern?« Wir haben darauf geantwortet, daß die Säuberung des Instruments geschieht, indem ich mir bewußt werde, wodurch das Instrument abgestumpft, getrübt und unsauber geworden ist. Wir haben auch geschildert, was es trübe macht und haben dargestellt, wie die Beschreibung nicht gleich der beschriebenen Sache ist. Verfangen Sie sich also nicht in Wortspielen. Bleiben Sie bei der beschriebenen Sache, also bei dem Instrument in seiner Abgestumpftheit.

Teilnehmer: Wenn Sie sich in der von Ihnen beschriebenen Weise selbst ins Auge fassen, dann erhoffen Sie sich davon doch etwas.

[K]: Ich erhoffe mir keine Verwandlung, keine Erleuchtung, keine Mutation, ich erhoffe mir gar nichts, weil ich nicht vorher weiß, was passieren wird. Nur dies eine weiß ich allerdings sehr genau, daß das Instrument, welches beobachtet, nicht sauber ist, daß es getrübt, daß es gesprungen ist. Das ist alles, was ich weiß, sonst nichts. Und meine einzige Sorge ist, wie dies Instrument ganz und heil gemacht werden kann.

[F]: Warum liegt Ihnen soviel am Beobachten?

[K]: Die Welt steht in Flammen, und ich bin die Welt. Ich bin schrecklich beunruhigt, schrecklich verwirrt, und es muß in all dem irgendwo Ordnung verborgen sein. Deswegen mache ich mich auf zu beobachten. Wenn Sie allerdings sagen: »Die Welt ist ganz in Ordnung, was regen Sie sich denn bloß so auf?! Ich erfreue mich guter Gesundheit, habe ein wenig Geld, habe Frau, Kinder, Wohnung, also lassen Sie es doch gut sein!« – dann steht die Welt für Sie natürlich nicht in Flammen. Nur daß sie leider tatsächlich in Flammen steht, ob es Ihnen gefällt oder nicht! Das also ist's, weswegen ich mich aufmache, zu beobachten, nicht aufgrund irgendeines intellektuellen Konzepts noch irgendeiner gefühlsmäßigen Aufwallung, nein, aufgrund der Tatsache, daß die Welt in Flammen steht – aufgrund der Kriege, des Hasses, der enttäuschten Hoffnungen, der Bilder, der falschen Götter und was nicht noch alles. Und wahrzunehmen, was um mich herum vorgeht, macht mir innere Vorgänge bewußt. Und ich stelle fest, daß mein innerer Zustand dem äußeren gleich ist, beide sind eins, unteilbar.

Teilnehmer: Womit wir nun wieder am Anfang angekommen sind!
Tatsache ist: Der abgestumpfte Geist vermag nicht zu begreifen, daß

er durch Vergleiche zu der Überzeugung kommt, er müsse sich ändern.

[K]: Nein, das ist ganz und gar verkehrt! Ich will doch gar nicht anders sein! Ich stelle lediglich fest, daß das Instrument abgestumpft ist. Und ich weiß nicht, was ich da tun soll. Deshalb mache ich mich auf, das herauszufinden, was nicht bedeutet, daß ich das Instrument verändern möchte. Nein, wirklich nicht!

[F]: Bedeutet die Verwendung irgendeines Begriffes bereits die Verhinderung des Schauens?

[K]: Der Begriff ist nicht die Sache selber. Wenn Sie also die Sache selber sehen wollen, müssen Sie zunächst den Begriff beiseite tun, weil er sonst eine viel zu große Bedeutung bekäme.

Teilnehmer: Hier meine ich, nicht mit Ihnen übereinstimmen zu können. Wenn wir beobachten, dann stellen wir fest, daß das Instrument aus zwei Teilen besteht: der eine ist die Wahrnehmung, der andere die Ausdrucksfähigkeit. Beide lassen sich nicht voneinander trennen. Es handelt sich um ein linguistisches Problem, nicht um eine Frage des Abgestumpftseins. Die Schwierigkeit liegt in den sprachlichen Möglichkeiten, in der Ungenauigkeit unserer Sprechweise.

[K]: Wollen Sie damit sagen, bei der Beobachtung gebe es die Wahrnehmung und die Ausdrucksfähigkeit, beide untrennbar miteinander verbunden? Wenn Sie also etwas wahrnehmen, dann muß das auch klar zum Ausdruck kommen, zu einer sprachlichen Verständigung führen; Wahrnehmung und Ausdrucksfähigkeit dürften nie voneinander getrennt werden, beide müßten stets Hand in Hand gehen? Damit hätten Sie festgestellt, wie wichtig es ist, die rechten Worte zu finden.

Teilnehmer: Ich sagte: »Ausdrucksfähigkeit«, nicht: »Intention«.

[K]: Ich verstehe schon: Ausdrucksfähigkeit. Daraus ergibt sich aber nun noch ein weiteres: Wahrnehmung, Ausdrucksfähigkeit und Aktion. Denn wenn Aktion nicht zugleich Wahrnehmung und Ausdrucksfähigkeit – gemeint als Fähigkeit, das Wahrgenommene in Worten auszudrücken – ist, dann läge ja eine Zersplitterung vor. Ist also Wahrnehmen nicht bereits Aktion? Wahrnehmen heißt aktiv sein. So wie wenn ich einen Abgrund wahrnehme und daraufhin sofort in Aktion trete. Dieses Aktivwerden ist Ausdruck der Wahrnehmung. Wahrnehmen und Aktion sind untrennbar; Ideal und Aktion hingegen passen unmöglich zusammen. Wenn ich die Nutz-

losigkeit eines Ideals erkenne, dann bedeutet eben diese Wahrnehmung seiner Nutzlosigkeit ein Aktivwerden der Intelligenz. Das
Erkennen der Abgestumpftheit, das Wahrnehmen der Abgestumpftheit ist demnach bereits die Säuberung des Geistes von Abgestumpftheit, ist also Aktion.

Saanen / Schweiz, 6. August 1969

11. Die Kunst des Wahrnehmens

Unmittelbare Achtsamkeit.
Ein Tiger jagt den anderen.

Es ist wichtig, denke ich, Wesen und Schönheit der Beobachtung, des Schauens zu verstehen. Solange der Geist noch in irgendeiner Weise verzerrt ist – durch neurotische Impulse und Gefühle, durch Angst, Kummer, durch Ehrgeiz, Dünkel und Machtstreben –, kann er unmöglich horchen, beobachten, wahrnehmen. Und die Kunst des Schauens, des Horchens, Beobachtens ist nicht etwas, das gepflegt werden kann, ist keine Frage der Entwicklung oder des allmählichen Wachstums. Wenn ich eine Gefahr spüre, reagiere ich ja auch unverzüglich, Körper und Erinnerung reagieren instinktiv und unmittelbar. Von Kindheit an ist uns eingeprägt worden, einer Gefahr so zu begegnen, daß unser Geist sofort reagiert, um unserer physischen Vernichtung zu entgehen. Wir fragen uns, ob es möglich ist, im Augenblick des Schauens zu handeln, in dem es keinerlei Prägungen gibt. Kann ein Geist frei und unmittelbar auf jede Art von Verzerrung antworten und zugleich tätig sein? So sind Wahrnehmen, Tätigwerden und Zum-Ausdruck-Bringen eins; sie sind nicht geteilt, nicht getrennt. Das Schauen selbst ist das Handeln, in dem dieses Schauen zum Ausdruck kommt. Sobald Sie sich einer Angst bewußt sind, beobachten Sie diese so eingehend, daß die Beobachtung bereits von ihr befreit, also Handlung ist. Können wir heute morgen tiefer darauf eingehen? Ich empfinde dies als sehr wesentlich: Wir könnten fähig sein, in das Unbekannte vorzudringen. Ein Geist jedoch, der in irgendeiner Weise von seinen Ängsten, seinem Ehrgeiz, seiner Habsucht, seiner Verzweiflung und all diesen Dingen tief konditioniert ist, kann unmöglich zu etwas vordringen, was ein ganz außerordentlich gesundes, vernünftiges, ausgewogenes und harmonisches Wesen erfordert.

So fragen wir uns, ob ein Geist – im Sinne des gesamten Wesens – sich einer ihm eigenen Verderbtheit, Bestrebung, Gewaltbereitschaft bewußt sein und diese beenden kann, nicht nach und nach, sondern sofort. Dies bedeutet, das Eintreten von Zeit zwischen Wahrnehmung und Handlung nicht zuzulassen. So wie beim Erkennen einer Gefahr ja auch keine Zeit verstreicht, sondern sofort gehandelt wird.

Wir haben uns an die Vorstellung gewöhnt, daß wir schrittweise, indem wir Tag um Tag Wachsamkeit einüben, weise und erleuchtet werden. Darauf haben wir uns eingestellt, das ist das Programm unserer Kultur und unserer Konditionierung. Nun sagen wir, daß solch ein schrittweises Vorgehen des Geistes, im Bemühen, sich von Angst und Gewalt zu befreien, nur zu noch größerer Angst und zu noch größerer Gewalttätigkeit führt.

Ist es möglich, der Gewalt ein Ende zu setzen – nicht nur äußerlich, sondern tief innen am Grund unseres Wesens –, der Aggressivität, dem Machtstreben ein Ende zu setzen? Können wir dem, indem wir vollständig schauen, ohne das Eintreten von Zeit zuzulassen, ein Ende setzen? Sind Sie einverstanden, daß wir heute morgen darüber sprechen? Zumeist lassen wir zwischen Wahrnehmung und Aktion eine Zeitspanne eintreten, die Verzögerung zwischen dem »was ist« und dem »was sein sollte«. Wir haben das Verlangen, loszuwerden, was ist, um anderes zu erreichen oder anders zu werden. Diese Zeitspanne müssen wir in aller Klarheit verstehen. Wir denken in jenen Begriffen, denn schon als Kinder sind wir in der Vorstellung aufgewachsen und erzogen worden: eines Tages, Schritt für Schritt werden wir es zu etwas bringen. Gewiß, im äußeren, technischen Sinne ist Zeit durchaus notwendig. Ich kann kein erstklassiger Tischler, Physiker oder Mathematiker werden, ohne viele Jahre darauf hingearbeitet zu haben. Wohl mag einer schon in der Jugend genügend Klarsicht aufbringen – den Begriff »Intuition« verwende ich dafür nicht gern –, um ein mathematisches Problem zu begreifen. Aber wir stellen bald fest, daß es Zeit kostet, das Gedächtnis so zu schulen, wie es das Erlernen einer neuen Technik oder einer neuen Sprache erfordert. Ich kann nicht von heute auf morgen Deutsch sprechen, dazu brauche ich lange Monate. Von Elektronik verstehe ich nichts, und es würde vermutlich Jahre dauern, um das nötige Wissen zu erwerben. Diese zum Erlernen einer technischen, fachlichen Qualifikation notwendige Zeit dürfen wir jedoch auf keinen Fall mit der hier von uns als Gefahr bezeichneten Tendenz verwechseln, eine Zeitspanne zwischen Wahrnehmung und Aktion eintreten zu lassen.

[F]: Sollten wir hier nicht auch über die Kinder sprechen, über das Erwachsenwerden?

[K]: Ein Kind kann ja gar nicht anders, als erwachsen zu werden. Es kann gar nicht anders, als viele Dinge lernen. Zu sagen: »Du mußt erwachsen werden«, wäre ja geradezu kränkend.

Teilnehmerin: Aber auch im psychischen Bereich gehen doch teilweise Veränderungen in uns vor.

[K]: Gewiß! Man ist zornig gewesen, oder man ist gerade zornig und sagt sich: »Ich darf nicht so zornig sein!« Und dann arbeitet man schrittweise daran und stellt einen partiellen Zustand her, in dem man ein bißchen weniger zornig, etwas weniger reizbar und etwas kontrollierter ist.

Teilnehmerin: So etwas habe ich nicht gemeint.

[K]: Was meinen Sie dann, meine Dame?

Teilnehmerin: Ich meine etwas, das einer hat und das er aufgibt. Vielleicht entsteht dann wieder ein Durcheinander, aber das wäre doch nicht mehr das gleiche.

[K]: Ist es aber nicht immer das gleiche Durcheinander, allenfalls ein wenig modifiziert? Es gibt auch eine modifizierte Kontinuität. Sie mögen aufhören, von jemand abhängig zu sein, nachdem Sie die Qualen der Abhängigkeit und die Schmerzen der Einsamkeit durchlitten haben und sagen: »Ich will nicht länger abhängig sein!« Und womöglich bringen Sie es fertig, das auch wirklich aufzugeben. Und können dann feststellen, daß eine gewisse Veränderung eingetreten ist. Die nächste Abhängigkeit wird nicht mehr genau so sein wie die vorherige. Und von neuem werden Sie sich mit ihr herumplagen und sie wieder aufgeben – und so weiter. Wir hingegen fragen, ob es denn nicht möglich ist, das Wesen der Abhängigkeit in seiner Gesamtheit wahrzunehmen und augenblicklich – nicht schrittweise – davon frei zu sein, so wie Sie beim Aufkommen einer Gefahr unmittelbar reagieren würden. Das ist nun wirklich eine wichtige Frage, mit der wir uns eingehend beschäftigen sollten, nicht nur verbal, sondern bis in die Tiefe, bis in unser Innerstes hinein. Sehen Sie doch, was alles damit zusammenhängt: Ganz Asien glaubt an die Reinkarnation, also daran, daß wir zu einem künftigen Leben wiedergeboren werden, in einer Daseinsform, die von ihrer jetzigen Lebensführung

abhängt. Haben Sie ein brutales, aggressives, destruktives Leben geführt, dann werden Sie in Ihrem nächsten Leben dafür zu bezahlen haben. Vielleicht werden Sie nicht gerade ein Untier, kehren aber in einer menschlichen Gestalt zurück, die ein Leben führt, das leidvoller, destruktiver ist, weil Sie kein Leben in Schönheit führten. Allerdings glauben diejenigen, die dieser Vorstellung der Reinkarnation anhängen, nur an den bloßen Begriff, nicht jedoch an dessen tiefere Bedeutung. Was Sie *jetzt* tun, ist für morgen von unendlicher Wichtigkeit, denn morgen, das heißt in Ihrem nächsten Leben, werden Sie dafür zu bezahlen haben. So ist die Vorstellung, schrittweise verschiedene Daseinsformen erreichen zu können, in Ost und West im Grunde die gleiche. Immer und überall ist da dieses Zeitelement, dies »was ist« und dies »was sein sollte«. Um das zu erlangen, was sein sollte, ist eben Zeit erforderlich, Zeit der Anstrengung, der Konzentration, der Achtsamkeit. Und weil solche Achtsamkeit und Konzentration nicht immer schon vorhanden ist, geht es nicht ohne beständige angestrengte Einübung, und das erfordert nun einmal Zeit.

Sollte es da nicht einen völlig anderen Ansatz zur Lösung dieses Problems geben? Dazu müßten wir allerdings begreifen, was Wahrnehmung bedeutet, die zugleich Schauen und Handeln ist; wir müßten begreifen, daß beide nicht voneinander zu trennen, nicht in zwei unterschiedliche Schritte aufzuteilen sind. Gewiß müssen wir hierzu auch noch das Wesen der Aktion, des Tätigwerdens, betrachten. Was also ist Aktion, was ist Tätigsein?

[F]: Wie kann ein Blinder, dem keine visuelle Wahrnehmung möglich ist, handeln?

[K]: Haben Sie je versucht, eine Woche lang mit verbundenen Augen zu leben? Wir haben das einmal gemacht, aus Spaß. Und wissen Sie, Sie entwickeln dabei eine ganz andere Sensibilität, Ihre Sinne werden viel schärfer. Bevor Sie an eine Wand oder einen Stuhl oder einen Tisch stoßen, spüren Sie schon, daß die Dinge da sind. Wir sprechen jedoch über unsere Blindheit uns selbst gegenüber, im Inneren. Der Dinge um uns herum sind wir uns voll bewußt, aber wir sind blind für das, was in uns vorgeht.

Was ist Handeln? Beruht Handeln stets auf einer Idee, einem Prinzip, einer Überzeugung, einer Entscheidung, einer Hoffnung, einer Enttäuschung? Wenn wir eine Idee, ein Ideal haben, dann passen wir uns diesem Ideal an; es gibt ein Intervall zwischen dem Ideal und der Handlung. »Ich werde das Ideal sein.« Indem ich mich mit dem Ideal identifiziere, wird das Ideal schließlich handeln, und der Abstand zwischen Handeln und dem Ideal wird aufgehoben sein. Was geschieht, während mein Handeln sich dem Ideal anzunähern versucht? Was geschieht während dieser Zeitspanne?

Teilnehmer: Ein unaufhörliches Vergleichen.

[K]: Ja, Vergleichen und was es sonst noch gibt. Welche Handlung geschieht, wenn Sie beobachten?

Teilnehmer: Wir ignorieren die Gegenwart.

[K]: Und dann, was noch?

Teilnehmer: Widersprüche.

[K]: Es ist ein Widerspruch! Und führt zu Heuchelei. Wenn ich leicht wütend werde, sagt mir mein Ideal: »Du darfst nicht wütend sein!« So fange ich dann an, zu unterdrücken, zu kontrollieren, mich dem Ideal anzupassen und anzunähern, stecke also ständig in Konflikten und mache mir etwas vor. Der Idealist ist immer einer, der sich etwas vormacht. In dieser Trennung liegen Konflikte. Und es kommen noch weitere Faktoren dazu.

[F]: Warum soll es uns nicht erlaubt sein, uns an unsere früheren Existenzen zu erinnern? Unsere Entwicklung würde doch dadurch wesentlich erleichtert.

[K]: Würde sie das wirklich?

[F]: Wir könnten Fehler vermeiden.

[K]: Was meinen Sie mit »früherem Leben«? Ihr gestriges Leben, das von vor vierundzwanzig Stunden?

[F]: Die letzte Inkarnation.

[K]: Die hundert Jahre zurückliegt? Wie sollte das unser Leben erleichtern?

[F]: Wir würden besser verstehen.

[K]: Gehen Sie bitte Schritt für Schritt mit. Sie hätten also die Erinnerung an das, was Sie getan oder nicht getan haben, was Sie erlebt und erlitten haben – vor hundert Jahren, was im Grund genau das gleiche ist wie gestern. Gestern haben Sie vieles getan, was Sie gern getan haben oder was Sie nun bedauern, was Ihnen Schmerzen, Enttäuschung und Sorgen eingebracht hat. Und jetzt haben Sie die Erinnerung an all das. Und vielleicht noch die Erinnerungen aus Tausenden von Jahren – die im wesentlichen die gleichen sind wie die am gestrigen Tag. Warum also nennen wir nur *das* Reinkarna-

tion, und die Inkarnation des Gestern nicht ebenso, die heute geboren wurde? Nicht wahr, das gefällt uns nicht, weil wir uns für ganz
außergewöhnliche Wesen halten, denen alle Zeit zum Wachsen,
zum Werden, zur Wiedergeburt verfügbar sein muß. Was das aber
ist, das wiedergeboren werden soll, darüber haben Sie vermutlich
noch nie nachgedacht; es ist nämlich Ihre eigene Erinnerung. Und
daran ist nichts Weihevolles oder Heiliges. Ihre Erinnerung an den
gestrigen Tag wird in dem, was Sie heute tun, wiedergeboren; das
Gestern kontrolliert das, was Sie heute tun. Auch tausendjährige
Erinnerungen wirken nicht anders als durch das Gestern und durch
das Heute. Es findet also ständig eine Inkarnation des Vergangenen
statt. Und denken Sie jetzt nicht, dies wäre ein ganz schlauer Aus-
weg, nichts als ein Weginterpretieren. Wer einmal die Bedeutung
der Erinnerung erkannt hat, nämlich ihre komplette Nutzlosigkeit,
der wird nie wieder von Reinkarnation sprechen.

Wir fragen, was Handeln ist. Kann unser Handeln jemals frei, spontan, unmittelbar sein? Oder ist unser Handeln unweigerlich an Zeit-
abläufe gebunden, also ans Denken, an die Erinnerung?

*Teilnehmer: Ich habe einmal eine Katze beobachtet, wie sie eine
Maus fing. Sie denkt nicht: »Eine Maus.« Sie fängt sie einfach, sofort,
rein instinktiv. Mir will scheinen, auch wir müßten so spontan handeln.*

[K]: Nicht: »wir müßten«, nicht: »wir sollten«! Bitte, mein Herr,
wenn wir dies Zeitelement in seinem Wesen begriffen haben, werden wir das nie mehr sagen: »wir sollten«, »wir müßten«. Wir fragen
uns – nicht bloß verbaliter, nicht bloß intellektuell, nein, ganz in der
Tiefe unseres Inneren: Was bedeutet Handeln? Ist Handeln immer
an Zeit gebunden? Aus der Erinnerung, aus der Angst, aus der Enttäuschung geborenes Handeln ist immer an Zeit gebunden. Aber
gibt es ein Handeln, das vollkommen frei ist und deswegen frei von
jeglicher Zeitgebundenheit?

*Teilnehmer: Sie haben gesagt, wenn einer auf eine Giftschlange stößt,
dann wird er auf der Stelle reagieren. Nur daß sich die Giftschlangen
vermehren, so sehr wir auch reagieren. Das Leben ist nicht ganz so
einfach, da gibt es nicht nur eine Schlange, da sind auf einmal zwei
Schlangen, und die ganze Sache wird schließlich so etwas wie ein mathematisches Problem. Deswegen kommt das Zeitelement notwendig
ins Spiel.*

[K]: Sie sagen, daß wir in einer Welt voller Tiger leben, wo wir nicht bloß auf einen Tiger stoßen, sondern gleich auf ein ganzes Dutzend, in menschlicher Gestalt, brutale, gewaltsame, gierige, habsüchtige Wesen, jeder nur auf der Jagd nach seinem eigenen Lustgewinn. Und um in einer solchen Welt zu überleben und handeln zu können, brauchten wir die nötige Zeit, um einen dieser Tiger nach dem anderen zu erlegen. Nur daß ich selber solch ein Tiger bin, er steckt in mir, Dutzende solcher Tiger stecken in mir. Und da sagen Sie: Um uns diese Tiger vom Hals zu schaffen, einen nach dem anderen, brauchen wir Zeit. Das ist genau das, was wir hier grundsätzlich in Frage stellen! Wir haben akzeptiert, daß es Zeit braucht, um all die Schlangen, die ich in mir habe, eine nach der anderen umzubringen. Dies »Ich« ist gleich dem »Du« – du mit deinen Tigern, deinen Schlangen –, all das ist auch das »Ich«. Und nun fragen wir: Warum wollen wir denn diese Untiere, die ich in mir habe, eins nach dem anderen umbringen? Es gibt doch Tausende von »Ichs« in mir, Tausende von Giftschlangen – bis ich die alle umgebracht habe, werde ich längst tot sein.

Gibt es denn keine Möglichkeit – hören Sie bitte, geben Sie nicht gleich eine Antwort, versuchen Sie, es selbst herauszufinden –, sich all die Giftschlangen auf einen Schlag vom Hals zu schaffen, also nicht nach und nach? Kann ich die Gefahr durch all diese Untiere, durch all diese Widersprüche in mir erkennen und im gleichen Augenblick davon frei sein? Kann ich das nicht, dann gibt es für mich keine Hoffnung. Dann kann ich mir zwar weiter alles mögliche vormachen, aber ich kann nicht all das, was da in mir steckt, mit einem Schlage beseitigen, ich bleibe versklavt für alle Zeiten, auch wenn ich in einem nächsten Leben oder in zehntausend künftigen Leben wiedergeboren würde. Darum muß ich eine Möglichkeit zum Handeln, zum Erkennen finden, durch die im Augenblick der Wahrnehmung dem Drachen, dem Affen in mir das Ende bereitet wird.

[F]: Dann tun Sie es doch!

[K]: Nein, meine Dame, so bitte nicht! Hier handelt es sich wirklich um eine äußerst wichtige Sache. Da können Sie nicht einfach sagen: »Tun Sie es« oder »Lassen Sie es doch einfach«! Hier ist eine höchst intensive Nachforschung gefragt. Und erzählen Sie mir nicht, Sie hätten das bereits hinter sich oder müßten dies oder jenes

tun. An so etwas bin ich nicht interessiert. Ich möchte der Sache nämlich auf den Grund gehen.

[F]: Wenn ich es doch nur erkennen könnte!

[K]: Nicht so, bitte. Kein »Wenn«!

[F]: Wenn ich etwas wahrnehme, soll ich es dann in Worte fassen oder es einfach bei mir behalten?

[K]: Wieso übertragen Sie, was in sehr einfacher Sprache gesagt wurde, auf diese Weise in Ihre eigenen Worte? Wieso können Sie nicht sehen, was gesagt worden ist? Wir haben viele Tiere in uns, viele Gefahren. Kann ich durch *eine* Wahrnehmung von allem frei sein – durch unmittelbares Schauen? Vielleicht haben Sie das getan, ich stelle nicht die Frage, ob Sie es getan oder auch nicht getan haben, das wäre taktlos von mir. Ich frage allerdings weiter: Ist es möglich?

Teilnehmer: Jede Handlung hat zwei Teile. Der innere, die Entscheidung betreffende Teil vollzieht sich unmittelbar. Die auf die Außenwelt gerichtete Handlung braucht Zeit. Entscheidung meint innere Handlung. Diese beiden Aspekte der Handlung zu überbrücken erfordert Zeit. Das Ganze ist ein Problem der Sprache, der Vermittlung.

[K]: Ich verstehe. Da ist einmal die außengerichtete Handlung, die Zeit braucht, und zum anderen die innere Handlung, die zugleich Wahrnehmung und Handlung ist. Wie kann nun von dieser inneren Handlung, die Wahrnehmung, Entscheidung und unmittelbares Tätigsein ist, die Brücke gespannt werden zu der anderen Handlung, die Zeit braucht? Ist die Frage so richtig verstanden? Wenn ich darauf hinweisen darf, ich denke nicht, daß hier eine Brücke erforderlich ist. Es gibt zwischen beiden keine Überbrückung oder Verknüpfung. Lassen Sie mich erklären, was ich meine. Mir ist völlig klar, daß es Zeit kostet, von hier nach da zu gelangen, es kostet Zeit, eine Fremdsprache zu erlernen, es kostet Zeit, eine handwerkliche Tätigkeit auszuüben. Ist Zeit aber auch im inneren Bereich erforderlich? Wenn ich einmal das Wesen der Zeit verstanden habe, dann werde ich mit dem Zeitbedarf in der Außenwelt recht umgehen können und nicht zulassen, daß dieser sich in den inneren Bereich einmischt. Deshalb kümmere ich mich hier nicht um die äußeren Dinge, weiß ich doch ohnehin, daß dafür Zeit erforderlich ist. Ich frage mich vielmehr, ob bei der inneren Wahrneh-

mung, Entscheidung, Aktion überhaupt Zeit abläuft. Und so frage ich nun: »Ist Entscheidung überhaupt nötig?« – hat Entscheidung doch immer auch einen zeitlichen Aspekt, und sei es auch nur eine Sekunde, nur ein Zeitpunkt. »Ich treffe eine Entscheidung« bedeutet, daß da Zeit im Spiel ist; Entscheidung hat mit Wollen und Wünschen zu tun, und das alles braucht Zeit. Deswegen frage ich, wozu eigentlich die Entscheidung hier einbezogen werden soll? Stammt dieses Beharren auf der Notwendigkeit einer Entscheidung nicht etwa aus der mir eingeprägten Überzeugung, derzufolge ich mir für alles Zeit nehmen muß?

Gibt es denn aber Wahrnehmung und Aktion ohne Entscheidung? Das hieße also: Ich bin mir meiner Ängste bewußt, der Ängste, die aus meinem Denken kommen, aus meinen Erinnerungen, aus meinen Erfahrungen, aus dem Aufleben meiner gestrigen Ängste in meinem Heute. Ich habe das gesamte Wesen, die Struktur, die Verinnerlichung meiner Ängste begriffen. Und das Erkennen meiner Ängste, ohne die Notwendigkeit einer Entscheidung, ist zugleich Aktion, ist die Befreiung davon. Ist das möglich? Sagen Sie nicht: »Ja, ich habe das so gemacht.« Oder: »Der und der hat es so gemacht.« Das ist nicht der Punkt. Können all unsere Ängste wirklich im Augenblick ihres Entstehens zu Ende gebracht werden? Da gibt es die oberflächlichen Ängste, die Ängste dieser Welt. Die Welt ist voll von Tigern, und die Tiger, die in mir selber stecken, sind auf Zerstörung aus. Darum herrscht Krieg zwischen mir – einem Teil der Tiger – und den übrigen Tigern.

Und da gibt es zum anderen die inneren Ängste – psychische Unsicherheit, psychische Ungewißheit –, alle vom Denken zustande gebracht. Denken erzeugt Lust, Denken erzeugt Angst – das alles erkenne ich. Ich erkenne die Gefährlichkeit der Ängste, so wie ich die Gefährlichkeit einer Giftschlange, eines Abgrundes, eines reißenden Gewässers erkenne – ich erkenne die Gefahr voll und ganz. Und gerade dies Schauen ist das Beenden, ohne das Dazwischentreten auch nur der kleinsten Sekunde einer Entscheidungsfindung.

Teilnehmer: Manchmal aber ist es doch so, daß man eine Angst zwar erkennt, aber sie dann trotzdem immer noch hat.

[K]: Wir müssen sehr sorgfältig vorgehen. Zunächst einmal: Ich möchte die Angst nicht loswerden. Ich möchte sie zum Ausdruck bringen, sie verstehen, sie in Bewegung bringen, sie herauskom-

men, sie in mir explodieren lassen, oder wie wir es sonst noch nennen möchten. Ich weiß ja gar nichts über Angst. Ich weiß nur, daß ich Angst habe. Und da möchte ich herausfinden, auf welcher Ebene, wie tief drunten meine Angst sitzt, auf der Ebene des Bewußtseins oder am Wurzelgrund, ganz in der Tiefe meines Seins – in der Höhlenregion, in den unerforschten Bereichen meines Geistes. Das möchte ich herausfinden. Und all das möchte ich herauskommen lassen, ans Licht bringen. Wie aber soll ich das machen? Ich muß es tun – nicht nach und nach –, verstehen Sie? Es muß vollständig aus meinem Sein heraus und ans Licht kommen.

Teilnehmer: Wenn es Tausende von Tigern gäbe, ich aber säße irgendwo unten, dann könnte ich sie nicht sehen. Wenn ich mich jedoch auf eine höhergelegene Ebene begebe, dann kann ich mich mit ihnen befassen.

[K]: Nicht: »Wenn«! »Wenn ich fliegen könnte, würde ich die Schönheit der Erde erkennen.« Ich kann aber nicht fliegen, ich bin hier unten. Es tut mir leid, aber solche theoretischen Fragen sind vollkommen nutzlos, nur daß wir das anscheinend nicht wahrhaben wollen. Ich bin hungrig, und Sie füttern mich mit Theorien. Wir haben hier ein wirkliches Problem vor uns, bitte nehmen Sie das wahr. Wir alle fürchten uns doch vor irgend etwas, jeder hat seine Ängste. Da sind die tiefsitzenden, verborgenen Ängste – und die Ängste an der Oberfläche, die Ängste der äußeren Welt, mir wohl bewußt. Die Ängste vor dem Verlust meines Arbeitsplatzes, vor dem Verlust meiner Frau, meines Sohnes oder vor was auch immer. Das alles ist mir wohlbekannt. Aber da sind noch diese Ängste in den tieferen Schichten unseres Seins. Wie kann ich, wie kann dieser Geist all das in einem Augenblick ans Licht bringen? Was sagen Sie dazu?

[F]: Meinen Sie, wir könnten das Untier ein für allemal vertreiben, oder müssen wir stets von neuem Jagd darauf machen?

[K]: Ihre Frage rechnet offensichtlich mit der Möglichkeit, das Untier ganz und gar, für alle Zeiten zu vertreiben, es also nicht heute fortzujagen, bloß damit es morgen gleich wieder zur Stelle ist. Ja, genau das ist es doch, was wir meinen! Ich will nicht immer wieder das Untier verjagen müssen. Alle Schulen, alle Heiligen, alle Religionen und Psychologen sagen: Vertreibe es nach und nach. Mir bedeutet das überhaupt nichts. Ich möchte herausfinden, wie ich das

Untier so verjagen kann, daß es nie mehr wiederkommt – und wenn es doch wiederkäme, daß ich dann wüßte, was ich zu tun hätte: es nämlich einfach nicht mehr hereinlassen. Verstehen Sie?

Teilnehmerin: Jetzt sollten wir aber dem Untier endlich seinen eigentlichen Namen geben: es heißt Denken! Und wenn es wiederkäme, dann würden wir allerdings wissen, was wir mit ihm zu tun hätten.

[K]: Also ich weiß nicht, was ich tun würde – vielleicht finden wir es ja noch heraus. Sie haben es alle so furchtbar eilig!

Teilnehmerin: Es geht schließlich um unser eigenes Leben – wie sollen wir es da nicht eilig haben!

[K]: Ich meinte: So furchtbar eilig, eine Antwort zu finden. Gewiß müssen wir es eilig haben. Aber hier handelt es sich um eine schwierige Angelegenheit. Sie können nicht einen Entwurf nach dem anderen machen. Das verlangt Sorgfalt.

[F]: Warum praktizieren wir denn diese Wahrnehmung nicht gleich hier und jetzt?

[K]: Das versuche ich ja die ganze Zeit Ihnen vorzuschlagen.

[F]: Was passiert, wenn ich Sie anschaue? Als erstes bekomme ich eine Vorstellung von Ihnen. Und schauen Sie mich bitte an. Das erste, was Sie bekommen, ist eine optische Vorstellung von mir, stimmt's? Aber was passiert dann? Dann bemächtigt sich das Denken dieser Vorstellung.

[K]: Das war es ja, was die Dame vorhin gesagt hat, genau das gleiche: Das Untier ist das Denken. Nun bleiben Sie bei dem Untier, bitte! Sagen Sie nicht gleich, das Untier sei das Denken, oder das Selbst, das Ich, das Ego, die Angst, die Gier, der Neid, um dann doch nur wieder auf eine andere Beschreibung zurückzugreifen. Das Untier ist *alles* das. Und wir haben festgestellt, daß dies Untier nicht schrittweise vertrieben werden kann, weil es dann in allen möglichen Formen immer wiederkommen würde. Wenn ich auch nur ein klein wenig achtsam bin, dann muß ich mir sagen: Wie töricht ist all das, diese ständige Jagd nach dem Untier – sein Wiederkommen und von neuem die Jagd. Ich möchte herausfinden, ob es denn nicht möglich ist, es vollständig zu vertreiben, so daß es nie mehr wiederkommt.

Teilnehmer: Ich entdecke in mir verschiedene Funktionen, mit verschiedenen Geschwindigkeiten. Wenn eine dieser Funktionen eine andere verfolgt, passiert gar nichts. Zum Beispiel: Wenn die Emotio-

nen die Ideen verfolgen. *Wir müssen mit allen Funktionen zugleich arbeiten.*

[K]: Sie sagen genau das gleiche, nur mit anderen Worten.

Teilnehmer: Sie hatten begonnen, etwas zu erklären, wurden dann aber unterbrochen. Ich meine, da wo Sie sagten, Sie möchten sich die Ängste ja gar nicht vom Hals schaffen.

[K]: Ja, ich hatte tatsächlich gesagt, daß ich mir das Untier nicht einfach so vom Hals schaffen möchte. Ich möchte es nicht einfach hinausjagen. Bevor ich die Peitsche oder den Samthandschuh nehme, möchte ich erst wissen, wer das ist, der es hinauszujagen unternimmt. Vielleicht ist es ja nur ein noch größerer Tiger. Deshalb sage ich mir, ich möchte nicht einfach darangehen, irgend etwas hinauszujagen. Verstehen Sie, wie wichtig das ist?

Teilnehmer: Das Hinausjagen könnte möglicherweise Ihr Todesurteil bedeuten.

[K]: Nein, darüber weiß ich nichts. Nur langsam, lassen Sie mich das erklären. Ich habe gesagt, bevor ich das Untier verjage, möchte ich erst herausfinden, wer denn dies Wesen ist, das die Jagd unternimmt. Und ich habe gesagt, es könnte sich ja bloß um einen noch größeren Tiger handeln. Wenn ich aber alle Tiger loswerden möchte, dann wäre es sicher nicht gut, einen größeren Tiger herbeizuholen, um den kleinen Tiger zu verjagen. Darum sage ich: »Warten Sie! Ich möchte nicht bloß einfach irgend etwas hinausjagen.« Merken Sie, was mit meinem Geist vorgeht? Ich möchte nicht einfach irgend etwas hinausjagen, aber ich möchte genau hinschauen. Ich möchte beobachten, ich möchte mir völlige Klarheit darüber verschaffen, ob etwa ein größerer Tiger einen kleinen Tiger jagt. Dies Spiel ist unaufhörlich im Gange, es geschieht in unserer Welt ständig und überall – die Tyrannei eines mächtigen Landes, das hinter einem kleineren Land her ist.

Deshalb bin ich mir zutiefst dessen bewußt – bitte denken Sie jetzt mit –, daß ich *nichts* jagen darf. Ich muß die Vorstellung in mir ausmerzen, ich müßte ständig etwas verjagen, überwinden, dominieren. Aus dem Entschluß »Ich muß dieses winzige Tigerchen loswerden« kann sich der große Tiger entwickeln. Deswegen muß ich es vollkommen aufgeben, irgend etwas zu entscheiden, irgendeinem Drang zu folgen, etwas loszuwerden oder irgend etwas zu verjagen. Dann kann ich beobachten. Ich werde mir sagen (und das meine ich wörtlich): »Ich werde nichts mehr davonjagen.« Deshalb bin ich frei von der Last der Zeit, immer wieder einen Tiger mit einem anderen Tiger verjagen zu müssen. Angesichts all dieser vertanen Zeit nehme ich mir vor: »Ich werde gar nichts unternehmen, ich werde nichts mehr verjagen, ich werde keine Entschlüsse mehr fassen, zunächst muß ich beobachten!«

Ich schaue hin – ich meine nicht das Ego, sondern der Geist schaut, das Gehirn beobachtet. Ich kann verschiedene Tiger ausfindig machen, die Tigermutter mit ihren Jungen und ihren Gefährten. Ich kann alles beobachten, aber es müssen noch tiefere Dinge in mir stecken, die ich alle offenliegen sehen möchte. Soll ich durch Handeln, durch Tun offenlegen? Etwa, indem ich immer zorniger werde und mich dann beruhige, um nach einer Woche wieder zornig zu werden und mich wieder zu beruhigen? Oder gibt es eine Möglichkeit, sämtliche Tiger zu beobachten, den kleinen, den großen, den gerade zur Welt gekommenen – einfach alle? Kann ich sie alle so vollständig beobachten, daß ich den ganzen Betrieb verstanden habe? Wenn ich dazu nicht imstande bin, dann wird mein Leben nach der alten Routine weiterlaufen, nach dem bourgeoisen, komplizierten, stupiden, durchtriebenen Schema. Das ist alles. Wenn Sie verstanden haben zu hören – die Morgenpredigt ist zu Ende.

Erinnern Sie sich an die Geschichte eines Meisters, der jeden Morgen zu seinen Schülern spricht? Eines Tages, als er anfangen will zu reden, kommt ein kleiner Vogel, setzt sich auf die Fensterbank und fängt an zu singen. Und der Meister läßt ihn singen. Als der Vogel ein Weilchen gesungen hat, fliegt er wieder fort. Und der Meister sagt zu seinen Schülern: »Die Morgenpredigt ist zu Ende.«

Saanen/Schweiz, 7. August 1969

12. Über das Eindringen ins Unbekannte

Verdrängung. Handeln aus der Stille.
Reise ins Selbst.
Irrfahrten und die Projektion des »Unbekannten«.

Wir fragen uns, wie wir die ganze Menagerie, die wir in uns herumtragen, loswerden können. Wir sprechen darüber, weil wir erkannt haben – jedenfalls habe ich es erkannt –, daß wir ins Unbekannte vordringen müssen. Schließlich muß ja auch jeder gute Mathematiker oder Physiker das Unbekannte erforschen, vielleicht auch der Künstler, wenn er sich nicht von seinen Emotionen und Imaginationen davontragen läßt. Und wir, die ganz normalen Leute mit unseren alltäglichen Problemen, auch wir müssen aus einem tiefgreifenden Verstehen heraus leben. Auch wir müssen ins Unbekannte vordringen. Ein Geist allerdings, der immer nur auf der Jagd nach den von ihm erdachten Untieren ist, den Drachen, den Giftschlangen, den Affen, mit all den dadurch verursachten Problemen und Widersprüchen – die wir sind –, der kann unmöglich ins Unbekannte vordringen. Aber gerade darum wünschen wir, die ganz normalen Leute, die wir nun einmal sind – weder mit einem besonders brillanten Verstand noch mit großen Visionen ausgestattet, mit unserem täglichen, eintönigen, kümmerlichen, kleinkarierten Dasein – darum wünschen wir doch so sehr, all das auf der Stelle verändern zu können. Und das ist's, was wir heute bedenken wollen.
Menschen ändern sich durch neue Erfindungen, neue Zwänge, neue Theorien, neue politische Situationen; all solche Dinge können bis zu einem gewissen Grade zu Veränderungen führen. Was wir aber hier meinen, ist eine radikale, grundlegende Revolution in unserem ganzen Wesen, und es ist die Frage, ob eine solche Revolution schrittweise oder in einem Augenblick durchzuführen ist. Gestern haben wir uns mit all dem beschäftigt, was mit ihrer schrittweisen Durchführung zusammenhängt, mit der Vorstellung von Distanz sowie mit dem Aufwand an Zeit und Mühe, der zur Überwindung dieser Distanz nötig ist. Und wir haben festgestellt, daß der Mensch

es in all den Jahrtausenden seiner Bemühungen irgendwie nie wirklich geschafft hat, sich radikal zu ändern – vielleicht mit ein oder zwei Ausnahmen. Und das ist der Grund, warum wir herausfinden müssen, ob wir es können, jeder einzelne von uns und damit die Welt – ist doch die Welt nichts anderes als wir, und wir sind nichts anderes als die Welt, beides ist nicht voneinander zu trennen –, ob wir denn nicht endlich und unverzüglich all die Qualen, all das Wüten, all den Haß, all die Feindschaft, die wir geschaffen haben, auslöschen können, dazu die Bitterkeit, die wir in uns tragen. Bitterkeit ist ja offensichtlich eine der am weitesten verbreiteten Eigenschaften; kann diese Bitterkeit, beim Erkennen aller ihrer Ursachen, beim Durchschauen ihrer gesamten Struktur, unverzüglich und ein für allemal ausgelöscht werden?

Wir haben festgestellt, daß dies nur durch Beobachtung möglich ist. Dann, wenn unser Geist mit aller Intensität beobachtet, nur dann wird die Beobachtung selber zum Handeln, das der Bitterkeit ein Ende macht. Wir sind auch auf die Frage eingegangen, was Handeln ist; ob es wirklich ein freies, spontanes, nicht vom Wollen gesteuertes Handeln geben kann, oder ob unser Handeln unweigerlich von unserer Erinnerung, unseren Idealen, unseren Widersprüchen, unseren Verletztheiten, unserer Bitterkeit und all dem gelenkt wird. Ist unser Handeln stets der Versuch, sich einem Ideal, einem Prinzip, einem Verhaltensmuster anzunähern? Solch ein Handeln, so haben wir festgestellt, wäre überhaupt kein wirkliches Handeln, weil es den Widerspruch zwischen dem »was sein sollte« und dem »was ist« hervorruft. Denn wenn Sie ein Ideal vor Augen haben, dann müssen Sie immer die Distanz zwischen dem, was Sie sind und dem, was Sie sein sollten, überbrücken. Dieses »was sein sollte« zu erlangen, mag Jahre in Anspruch nehmen oder – wie viele glauben – viele Existenzen, eine unablässige Folge von Inkarnationen, so lange, bis Sie endlich das vollkommene Utopia erreicht haben werden. Dazu haben wir feststellen können, daß es tatsächlich eine Inkarnation des Gestern im Heute gibt, gleichgültig, ob dieses Gestern viele Tausende von Jahren oder nur vierundzwanzig Stunden zurückreicht – in jedem Fall ist es immer dann wirksam, wenn unser Handeln von dieser Aufteilung zwischen der Vergangenheit, der Gegenwart und der Zukunft, dem »was sein sollte«, gesteuert wird. All das, so stellten wir fest, schafft Widersprüche, Konflikte, Elend;

auf keinen Fall verdient es, Handeln genannt zu werden. Wahrnehmung ist Handeln. Die Wahrnehmung selber *ist* Handeln, wie es immer dann geschieht, wenn Sie sich einer Gefahr gegenübersehen; immer dann ereignet sich unmittelbares Handeln. Das ist der Punkt, bis zu dem wir, wie ich meine, gestern vorgedrungen waren.

Es gibt da noch die Augenblicke einer großen Krise, einer Herausforderung oder eines tiefen Kummers. Unser Geist ist dann für einen Moment vollkommen still, wie unter einem Schock. Ich weiß nicht, ob Sie das schon einmal beobachtet haben. Wenn Sie einen Berg zur Abendzeit oder in der Morgenfrühe erblicken, in dem wunderbaren Spiel von Licht und Schatten, wenn Sie die Unermeßlichkeit, die Hoheit, die tiefe Einsamkeit empfinden, dann vermag Ihr Geist das alles einfach nicht zu fassen; für einen Augenblick bleibt er vollständig still. Bald darauf jedoch überwindet er den Schock und beginnt seiner jeweiligen Eigenart, seiner persönlichen Problemlage gemäß zu reagieren. Diesen Augenblick einer völligen Stille des Geistes gibt es also tatsächlich, nur daß unser Geist diesen Zustand absoluter Ruhe nicht lange durchzuhalten vermag. Solch eine momentane Ruhe kann durch einen Schock hervorgerufen werden. Die meisten unter uns kennen diesen Zustand völliger Stille bei einem Schock. Der kann von außen kommen, durch irgendeinen Vorfall, er kann aber auch künstlich, in unserem Innern, hervorgerufen werden, etwa durch eine Reihe unmöglicher Fragen wie in einigen Zen-Schulen, oder durch einen eingebildeten Zustand, durch irgendeine Formel, die den Geist in eine Ruhe hineinzwingt – alles zweifellos reichlich kindische und unreife Dinge. Wir sagen, daß für einen der Wahrnehmung in dem hier besprochenen Sinn fähigen Geist diese Wahrnehmung zugleich Aktion ist. Um so wahrnehmen zu können, muß der Geist vollkommen zur Ruhe gekommen sein, weil er anders überhaupt nichts zu sehen vermag. Wenn ich hören möchte, was Sie sagen, dann muß ich in Ruhe zuhören. Jeder abschweifende Gedanke, jedes Interpretieren dessen, was Sie sagen, jeder innere Widerstand verhindert das wirkliche Hören.

Der Geist also, der horchen, beobachten, schauen oder achtgeben möchte, muß notwendigerweise ganz außerordentlich ruhig werden. Solch eine Ruhe kann unmöglich durch ein Schockerlebnis oder durch das Aufgehen in einer besonderen Idee herbeigeführt werden. Wenn ein Kind in seinem Spiel aufgeht, dann ist es gewiß sehr ruhig. Aber das Spiel, in dem das Kind aufgeht, das Spielzeug, hat das Kind still werden lassen. Durch die Einnahme einer Droge oder irgendeine kunstvolle Unternehmung mag sich das Gefühl herstellen lassen, in etwas Größerem aufzugehen – einem Bild, einer Vorstellung, einem Utopia. Der stille, ruhige Geist, den wir meinen, kann sich hingegen nur durch ein Verstehen all der Widersprüche, Verderbtheiten, Bedingtheiten, Ängste, Verzerrungen einstellen. Und so fragen wir, ob diese Ängste, Nöte, Verwirrungen alle in einem Augenblick hinweggefegt werden können, so daß unser Geist die Stille zum Beobachten, zum Vordringen hat.

Können wir das wirklich? Können Sie wirklich sich selber mit vollkommener Ruhe betrachten? Denn solange unser Geist aktiv ist, wird er stets das, was er sieht, verzerren, übersetzen, interpretieren, stets wird er sogleich erklären: »Dies mag ich, das da mag ich nicht.« Er wird ungeheuer aufgeregt und emotional, und solch ein Geist kann unmöglich schauen.

So fragen wir uns also: Können normale Menschen wie wir dies tun? Kann ich mich selber anschauen – ich mag sein, was ich will –, wenn ich doch weiß, wie gefährlich Begriffe wie »Angst« oder »Bitterkeit« sind und daß solch ein Wert schon das tatsächliche Erschauen dessen, »was ist«, zu verhindern vermag? Kann ich beobachten und mir dabei dieser sprachlichen Fallgruben bewußt sein? Kann ich zudem jedes Dazwischentreten einer Zeitempfindung – jedes Gefühl von »erreichen müssen«, »loswerden wollen« – verhindern und einfach beobachten, still, intensiv und aufmerksam? In einem solchen Zustand intensiver Aufmerksamkeit werden die verborgenen Pfade, die unentdeckten Schlupfwinkel des Geistes erschaut. In ihm gibt es keine Analyse irgendwelcher Art, nur Wahrnehmung. Zu einer Analyse gehört Zeit, gehören auch der Analysierende und das Analysierte. Ist der Analysierende etwas anderes als die analysierte Sache? Wenn nicht, dann hat die Analyse keinen Sinn. All dessen müssen wir uns bewußt sein, all das müssen wir verwerfen – Zeit, Analyse, Widerstand, Versuche, etwas zu überwinden, über etwas hinwegzukommen und so weiter –, weil auf diesem Weg das Leiden kein Ende hat.

Nachdem man alles angehört hat, wird man auch imstande sein, es zu tun? Das ist wirklich eine wesentliche Frage. Es gibt kein »wie«. Da ist keiner, der Ihnen sagen wird, was Sie zu tun haben, keiner, der Ihnen die nötige Energie gibt. Große Energie ist für das Beobachten erforderlich: Ein stiller Geist ist die totale Energie, die nicht mehr in Unruhe vergeudet wird. Können wir uns selber mit dieser totalen Energie so vollständig anschauen, daß das Schauen Handeln ist – und damit das Beenden?

[F]: Ist denn das nicht genau so eine unmögliche Frage?

[K]: Ist das eine unmögliche Frage? Wenn das eine unmögliche Frage ist, warum sitzen Sie denn alle hier? Bloß um dem Klang einer Stimme zu lauschen, um den Fluß vorbeirauschen zu hören, um einen schönen Tag in diesen Hügeln und Bergen und Wiesen zu verbringen? Wieso können Sie das nicht tun? Ist es denn so schwierig? Braucht es dazu etwa einen besonders klugen Kopf? Oder ist es vielleicht so, daß Sie sich noch nie in Ihrem Leben wirklich selbst beobachtet haben, und es deshalb für so unmöglich halten? Aber wenn das Haus brennt, muß man doch etwas tun! Dann würden Sie doch auch nicht sagen: »Das ist unmöglich, ich glaube nicht, daß da etwas zu machen ist, ich kann einfach nichts dagegen tun«, und würden dasitzen und zuschauen, wie es brennt! Sie tun etwas, das Beziehung zur Aktualität hat, nicht etwas, das sich auf Ihre Wunschvorstellungen bezieht. Die Aktualität ist das brennende Haus – vielleicht schaffen Sie es ja nicht, das Feuer vollständig zu löschen, bis die Feuerwehr kommt, aber bis dahin werden Sie auf jeden Fall etwas gegen das Feuer unternehmen –, ein untätiges »bis dahin« kann es da für Sie nicht geben.

Wenn Sie also sagen, das sei eine unmögliche Frage, so schwierig, so unmöglich, wie eine Ente in ein Fläschchen zu stopfen, dann geben Sie damit doch nur zu erkennen, daß Sie überhaupt nicht bemerkt haben, wie das Haus in Flammen steht. Wie kann man ein brennendes Haus nicht bemerken? Mit dem Haus meinen wir die Welt, die Welt, die Sie selber sind, mit Ihrer Unzufriedenheit, mit all dem, was in Ihnen drin und in der Welt um Sie herum vorgeht. Wie kommt es denn, daß Sie das nicht bemerken? Liegt es daran, daß Sie nicht clever genug sind, daß Sie nicht unzählige Bücher gelesen haben, daß Sie nicht feinfühlig genug sind, um zu spüren, was in Ihnen und um Sie herum tatsächlich geschieht? Und wenn Sie jetzt sagen: »Tut mir leid, ich bemerke es eben nicht«, ja woran soll es dann nur liegen? Sie merken doch auch, wenn Sie hungrig sind, wenn jemand Sie beleidigt. Und ganz bestimmt merken Sie, wenn jemand Ihnen schmeichelt oder wenn Sie Ihre sexuellen Wünsche erfüllt haben möchten. So etwas bemerken Sie ganz hervorragend. Hier jedoch sagen Sie: »Nein, leider nicht!« Was kann man da noch tun? Etwa darauf warten, daß jemand anders mir Anregungen gibt und Mut macht?

[F]: Sie sagen, es müsse eine Wandlung eintreten, und diese könne dadurch herbeigeführt werden, daß wir unsere Gedanken und Wünsche beachten, und das müsse in einem Augenblick getan werden. Ich habe das einmal getan, aber es hat sich keine Veränderung ergeben. Wenn wir aber nun machen, was Sie vorschlagen, kommen wir dann zu einem dauerhaften Zustand, oder muß das regelmäßig immer wieder gemacht werden, etwa täglich?

[K]: Diese Wahrnehmung, die zugleich Handlung ist, kann die ein für allemal vollzogen werden, oder muß sie jeden Tag aufs neue vorgenommen werden? Was meinen Sie?

Teilnehmer: Ich meine, man kann das tun, wenn man Musik gehört hat.

[K]: So daß dann Musik so etwas wie eine Droge wäre, auch wenn Musik an sich etwas viel Respektableres ist als irgendeine Droge. Die Frage lautet doch: Muß ich jeden Tag, jede Minute achtgeben, oder kann ich das Ganze eines Tages so vollständig beobachten, daß es damit zu Ende ist? Kann ich mich für alle Zeit schlafen legen, wenn ich einmal das Ganze vollständig erschaut habe? Verstehen Sie die Frage? Ich fürchte, wir müssen jeden Tag von neuem achtsam sein und dürfen uns nicht schlafen legen. Sie müssen sich aller Dinge stets neu bewußt werden, nicht nur der Beleidigungen, der Schmeicheleien, des Ärgers, der Verzweiflung, nein, auch all dessen, was ständig um Sie herum und in Ihnen drin vorgeht. Sie können nicht sagen: »Jetzt bin ich vollkommen erleuchtet, mich kann nichts mehr berühren!«

[F]: Aber in dem Augenblick, in der Minute oder dem Zeitraum, den es braucht, um diese Wahrnehmung zu erlangen und um zu verstehen, was geschehen ist, müssen Sie da nicht den Drang nach einer gewaltsamen Reaktion unterdrücken, den die Beleidigung in Ihnen hervorgerufen hat? Ist diese Wahrnehmung nicht einfach das Unterdrücken der Reaktion, die sonst eintreten würde? Statt zu reagieren, nehmen Sie wahr – die Wahrnehmung kann einfach das Unterdrükken der Reaktion sein.

[K]: Darauf sind wir doch ganz schön gründlich eingegangen, nicht wahr? Ich verspüre den Drang, mit Mißfallen zu reagieren – ich mag Sie nicht, und nun gebe ich auf meine Reaktion acht. Wenn ich sehr aufmerksam darauf achtgebe, dann entfaltet sie sich, sie legt meine Konditionierung offen, die Kultur, in der ich aufgewachsen bin. Wenn ich dann weiter achtgebe und mich nicht schlafen lege, wenn der Geist darauf achtet, was ans Licht gekommen ist, dann werden viele, viele Dinge offenbar – die Frage einer Unterdrückung kommt dabei überhaupt nicht auf. Bin ich doch daran interessiert, zu erkennen, was vor sich geht, bestimmt nicht daran, wie ich über alle möglichen Reaktionen hinwegkommen kann. Ich bin daran interessiert, herauszufinden, ob der Geist die eigentliche Struktur des Ich, des Ego, des Selbst zu schauen, wahrzunehmen vermag. Und wie soll darin irgendeine Art von Unterdrückung Raum haben?

[F]: Manchmal empfinde ich einen Zustand der Ruhe. Kann aus einer solchen Ruhe Handeln entstehen?

[K]: Meinen Sie: »Wie kann diese Ruhe aufrechterhalten, dauerhaft gemacht, weitergeführt werden?« Ist das Ihre Frage?

[F]: Kann ich meine tägliche Arbeit weiter tun?

[K]: Können die täglichen Aktivitäten aus der Stille kommen? Jetzt warten Sie alle darauf, daß ich Ihnen die Antwort darauf gebe. Aber ich habe ein Grausen davor, als Orakel zu gelten. Die Tatsache, daß ich hier auf einem Podium sitze, macht mich noch lange nicht zu einer Autorität. Die Frage lautet: Kann ein Geist, der ganz zur Ruhe gekommen ist, im Alltagsleben aktiv sein? Wenn Sie Ihr Alltagsleben von der Ruhe, von Utopia, von dem Ideal – also der Stille – trennen, dann werden die beiden sicherlich niemals zusammenkommen. Aber kann ich die beiden getrennt halten, kann ich sagen: Dies ist die Welt, mein Alltagsleben, und das ist die Stille, die ich erfahren habe, in die ich mich hineingetastet habe? Kann ich die Stille in mein Alltagsleben übertragen? Das können Sie nicht! Wenn aber die beiden nicht getrennt sind – die rechte Hand ist nicht ohne die linke Hand –, wenn beide in Harmonie miteinander zusammen sind, die Stille und das Alltagsleben, wenn sie eine Einheit sind, dann wird es uns überhaupt nicht in den Sinn kommen, zu fragen: »Kann ich aus der Stille heraus aktiv sein?«

[F]: Sie sprechen von intensiver Achtsamkeit, intensivem Schauen, intensivem Erkennen. Könnte man nicht sagen, daß es vor allem von dem Grad meiner Intensität abhängt, ob ich das zustande bringe?

[K]: Man ist im wesentlichen schon intensiv, und dann gibt es noch diese tiefgreifende, grundlegende Intensität, die wir haben – ist es das?

[F]: Wie man aus Leidenschaft, nicht um es zu haben, darangeht, scheint allerdings von grundlegender Bedeutung zu sein.

[K]: Und die haben wir bereits. Ja?

[F]: Ja und nein.

[K]: Mein Herr, warum müssen wir denn immer so viele Ausnahmen machen? Kann man nicht eine Reise unternehmen und dabei alles untersuchen, ohne irgend etwas zu wissen? Eine Reise in uns selbst hinein, ohne zu wissen, was da gut oder schlecht ist, was richtig oder falsch ist, was sein sollte, was sein müßte, einfach auf die Reise gehen, ohne alle Last? Das ist eins der schwierigsten Dinge: nach innen zu reisen ohne irgendeine Belastung zu empfinden. Und auf der Reise dann Ihre Entdeckungen zu machen – nicht bei der Abreise festzulegen: »Dies darf so nicht sein, das sollte so sein.« Anscheinend ist das eine der schwierigsten Unternehmungen, ich weiß eigentlich gar nicht, warum. Schauen Sie, meine Damen und Herren, da ist niemand, der Ihnen dabei helfen könnte, auch der Vortragende nicht. Da ist keiner, auf den Sie Ihren Glauben setzen könnten, und ich hoffe, daß Sie an *niemanden* glauben. Es gibt keine Autorität, die Ihnen sagen würde, was ist oder was sein sollte, in welche Richtung Sie gehen und nicht gehen sollten, auf welche Fallgruben Sie achten sollten, wo die Warnschilder stehen – Sie gehen allein! Können Sie das? Womöglich sagen Sie jetzt: »Ich kann das nicht, ich ängstige mich davor!« Dann nehmen Sie Ihre Angst doch an, gehen Sie darauf ein und lernen, sie gänzlich und restlos zu begreifen. Denken Sie erst einmal nicht mehr an die Reise, denken Sie vor allem nicht an Autoritäten – untersuchen Sie dies ganze Ding namens Angst: Ihre Angst, weil Sie niemand haben, an den Sie sich anlehnen könnten, niemanden, der Ihnen sagen könnte, was Sie tun sollen; Ihre Angst davor, einen Fehler zu machen. Machen Sie doch Fehler, beobachten Sie jeden Fehler – und Sie werden auf der Stelle über ihn hinwegspringen!

Machen Sie Ihre eigenen Entdeckungen auf Ihrem eigenen Weg!

Darin liegt mehr Kreativität als in aller Malerei, allem Bücher-schreiben, allem Theaterspielen (und für andere den Affen ma-chen). Darin liegt weit mehr – wenn ich es einmal so nennen darf – Anregung, ein stärkeres Gefühl von ...

Teilnehmer: Verzückung?

[K]: Oh, geben Sie mir nicht die Worte vor!

Teilnehmer: Wenn unser tägliches Leben ohne einen hergeholten Be-obachter verläuft, dann wird doch nichts unsere Ruhe stören kön-nen.

[K]: Genau das ist das Problem! Der Beobachter kennt immer neue Schliche, wird immer seinen Schatten werfen und damit immer wei-tere Probleme machen. Wir fragen uns hier, ob Sie und ich eine Reise nach innen antreten können, ohne irgend etwas vorab zu wis-sen, und auf unserer Wanderung unsere sexuellen Gelüste, unsere Sehnsüchte, unsere geheimsten Pläne aufspüren. Das wäre ein un-geheures Abenteuer, ein viel größeres als eine Fahrt zum Mond.

Teilnehmer: Und da haben wir das Problem: Die Astronauten, die wußten, wohin sie fahren sollten, sie kannten die Richtung, als sie auf ihre Mondfahrt gingen. Aber in unserem Innern, da gibt es keine Richtungsanzeiger!

[K]: Der Herr hier meint also, eine Fahrt zum Mond sei etwas Ob-jektives, da wüßten wir, wo es langgeht. Hier jedoch, bei der Reise in unser Inneres, da wüßten wir nicht, wohin wir uns wenden sollen. Deswegen wäre alles voller Unsicherheit und Angst. Wenn Sie aber schon von vornherein wissen müssen, wohin es geht, dann werden Sie ganz bestimmt niemals ins Unbekannte eindringen, und werden deshalb niemals ein wirklicher Mensch werden, der selber entdeckt, was Ewigkeit ist.

[F]: *Kann man denn ohne die Hilfe eines Lehrers die vollkommene, unmittelbare Wahrnehmung erlangen?*

[K]: Das genau ist es doch, worüber wir sprechen.

Teilnehmer: Wir waren aber mit der anderen Frage noch nicht zu Ende gekommen. Dies ist ein Problem, weil wir ja wissen, wohin wir gehen, aber wir möchten am Vergnügen festhalten, das Unbekannte möchten wir eigentlich gar nicht.

[K]: Ja, wir möchten uns an den Schürzenbändern des Vergnügens festklammern. Wir möchten uns an den Dingen festklammern, die wir kennen. Dies alles möchten wir mit auf Reisen nehmen. Haben

Sie je einen Berg bestiegen? Je mehr Lasten Sie mit sich schleppen, desto schwieriger ist es. Sogar diese kleinen Hügel hinaufzugehen ist recht mühsam, wenn Sie eine Last mitschleppen. Und wenn Sie einen Berg besteigen, müssen Sie erst frei sein. Ich weiß wirklich nicht, wo die Schwierigkeit liegt. Wir möchten alles mit uns schleppen, was wir kennen – die Beleidigungen, die Widerstände, die Dummheiten, die Genüsse, die Entzückungen, alles, was wir erlebt haben. Wenn Sie meinen: »Ich will auf Reisen gehen und all das mit mir nehmen«, dann machen Sie eine Reise ganz woanders hin, aber nicht in das hinein, was Sie mitschleppen. Deshalb findet Ihre Reise nur in der Einbildung statt, nicht in Wirklichkeit. Aber unternehmen Sie die Reise in die Dinge, die Sie mit sich schleppen, in das Bekannte – nicht ins Unbekannte –, in das, was Sie schon kennen: Ihre Vergnügen, Ihre Genüsse, Ihre Verzweiflung, Ihre Sorgen. Machen Sie eine Reise da hinein, es ist alles, was Sie haben. Sie sagen: »Ich möchte eine Reise mit all dem ins Unbekannte machen und das Unbekannte dann dem hinzufügen. Ich möchte diesem noch andere Genüsse, andere Vergnügen hinzufügen.« Oder es mag so gefahrvoll sein, daß Sie sagen: »Ich will nicht.«

Saanen / Schweiz, 8. August 1969